GÜTERSLOHER
VERLAGSHAUS

Matthias Schlicht

GLAUBENSPFEFFER

Scharfes und Charmantes
zu Kirche und Religion

Gütersloher Verlagshaus

Kleinkunst, das kann alles Mögliche sein,
aber Kabarett, dachte ich, das ist eine klare Mission,
das ist das Wort für Kirche ohne Kanzel.

Hanns Dieter Hüsch

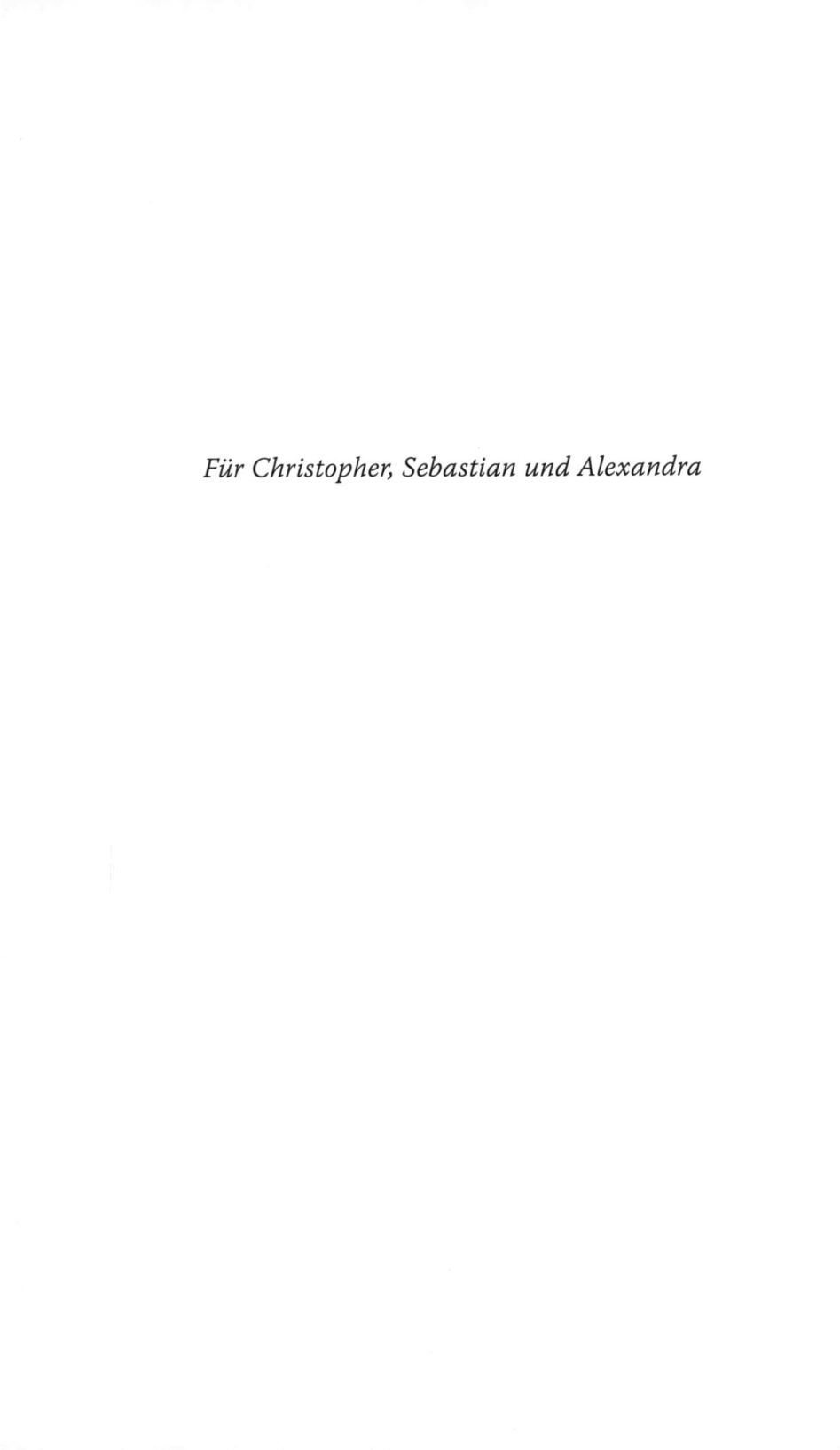

Für Christopher, Sebastian und Alexandra

INHALT

VORWORT

Der christliche Glaube ist von Haus aus keine lustige Religion. Das Lachen ist nicht gerade eine Hauptbeschäftigung des biblischen Gottes. Allerdings: Wir glauben an den Auferstandenen und nicht an einen Toten! Deshalb versuche ich, bei Predigten immer etwas einzubringen, was die Gemeinde zum Schmunzeln bringt.

Auch in der Kirchengeschichte ist es mit dem Lachen für lange Zeit nicht weit her. In der Regel des Benedikt von Nursia wird gemahnt, »*vieles oder zu lautes Lachen nicht [zu] lieben*«. Und noch in den Exerzitien des Ignatius von Loyola heißt es knapp: »*Lache nicht und sage nichts, was Lachen hervorruft.*«

Auch nachreformatorisch wurde das Lachen kritisch gesehen. Im Jahr 1685 hatte die Wittenberger Theologische Fakultät ein Gutachten zu erstellen, ob es einem Pastor erlaubt sei, in der Predigt »*allerley Scherze, Fabeln und lächerliche Historien zu predigen, die das Lachen erregen*«. Die Antwort war negativ: solche Geschichten hätten nicht die Kraft zu bekehren oder den Glauben zu erhalten, sondern sie »*delectieren das Fleisch und machen die Einfalt göttlicher Weisheit verächtig*«. Meine Predigten würden also nicht standhalten!

Ähnlich war es dann im Pietismus: Ein Rostocker Theologe dekretierte kurz und bündig: *»Ein Christ soll nicht lachen, Jesus hat auch nicht gelacht.«* Woher er das weiß, wenn Jesus doch wahrer Mensch war, bleibt mir ein Rätsel. Der große Theologe Schleiermacher hat in seiner Praktischen Theologie angeordnet: *»aus der religiösen Rede ist alles auszuschließen, was Scherz heißen kann.«* So ist es denn kein Wunder, dass etwa Goethe im Werther klagt: *»Ich habe noch nie gehört, dass man gegen die üble Laune vom Predigtstuhl gearbeitet hätte.«*

Besonders wichtig ist Martin Luther, der in seiner kraftvollen, erdverbundenen Weise immer eine Menge Humor bewiesen hat. *»Wenn ich wüsste, dass der Herrgott keinen Humor hat, so wollte ich erst gar nicht in den Himmel kommen ... Gott aber hat keinen Gefallen an der Traurigkeit. Hat er doch seinen Sohn nicht gesandt, dass der uns betrübe, sondern unser Herz fröhlich mache.«* Luthers Tischreden oder Briefe sind voller Humor, gespeist aus Glaubenszuversicht und nüchterner Lebenserfahrung. *»Dieweil ich unter des Glaubens und Vaterunsers Schatten sitze, lache ich der Teufel und seiner Schuppen.«*

Insofern: Ich freue mich über dieses Buch. Matthias Schlicht kenne ich viele Jahre als Pfarrer, als Studentenpfarrer, als Studiendirektor, aber auch als Kabarettist. Einmal saß ich in einem Kabarett in Hannover, als ich selbst Gegenstand seines Humors wurde – ich konnte herzlich lachen. Vielleicht ist das ein Geheimnis des Reformatorischen – es befreit sogar zum Lachen über sich selbst und führt so zur Freiheit.

Margot Käßmann

ANONYME TUPPERANER

Am Morgen lag Tau rings um das Lager. Und als der Tau weg war, siehe, da lag es in der Wüste rund und klein wie Reif auf der Erde. Und als es die Israeliten sahen, sprachen sie untereinander: Man hu? Denn sie wussten nicht, was es war. Mose aber sprach zu ihnen: Es ist das Brot, das euch der HERR zu essen gegeben hat. Das ist's aber, was der HERR geboten hat: Ein jeder sammle, soviel er zum Essen braucht, einen Krug voll für jeden nach der Zahl der Leute in seinem Zelte. Und die Israeliten taten's und sammelten, einer viel, der andere wenig. Aber als man's nachmaß, hatte der nicht darüber, der viel gesammelt hatte, und der nicht darunter, der wenig gesammelt hatte. Jeder hatte gesammelt, soviel er zum Essen brauchte. Und Mose sprach zu ihnen: Niemand lasse etwas davon übrig bis zum nächsten Morgen. Aber sie gehorchten Mose nicht. Und etliche ließen davon übrig bis zum nächsten Morgen; da wurde es voller Würmer und stinkend.

2. Mose 16,13-20

ICH gebe es zu: Ich bin Mitglied in einer Selbsthilfegruppe. Solche Gruppen gibt es ja für die unterschiedlichsten Zwecke und Nöte. Schon früh habe ich gelernt, dass man in Frauenversteherkreisen nur dann gut ankommt, wenn man sagen kann, in welcher man als Mann ist. Viele Männer sind bei den AA: Anonyme Alkoholiker. Aber da war schon alles voll. Ich bin bei den AT: Anonyme Tupperaner. Das sind Männer, die zwanghaft jede Woche zu einer Tupperwareverkaufsveranstaltung gehen müssen.

Bei mir begann der Zwang vor 15 Jahren. Ich war frisch verheiratet. Eines Tages kam meine Schwiegermutter (auf die ich gleich noch zu sprechen kommen werde) und sagte:»Kinder, ihr habt ja noch so viel Platz im Haushaltsschrank. Meine neue Nachbarin Frau Köhler war früher AVON-Beraterin, aber jetzt macht sie in Tupper. Kommt doch mal zur nächsten Party.«

Ich schäme mich heute, es zu sagen: Damals war ich total gegen Tupper eingestellt. Ich erwiderte:»Was? Ich soll zu einer Tupperparty gehen, wo sich ein Nachbarschaftskollektiv von Frauen ihre Dosen zeigt? Ich bin doch nicht blöd!« Aber meine Frau sagte:»Da will ich hin.« Ich rief erbost:»Aber du kaufst nichts!« Und sie hat auch nichts gekauft. Aber sie hat etwas geschenkt bekommen. Und zwar den TEIGSCHABER. Den Teigschaber von Tupper. Als ich dieses Plastikteil gesehen habe, da war es um mich geschehen. Wenn Sie jemals den Teigschaber von Tupper betrachtet haben; wenn Sie jemals den Teigschaber von Tupper berührt haben: Dann verstehen Sie es. Als Gott die Welt schab, äh, schuf, da hatte er schon den Teigschaber von Tupper vor Augen.

In der nächsten Woche besuchte uns wieder Schwiegermutter (auf die ich gleich noch zu sprechen kommen werde). Sie sagte:»Kinder, nächste Woche ist in der Nachbarstraße eine weitere Tupperparty.« Das muss man natürlich wissen: Wenn in einem Neubaugebiet eine erste Tupperparty stattfindet, dann breitet sie sich aus wie die Vogelgrippe. Und dieses Mal bin ich mitgekommen. Premiere. Ich lernte die nette Frau Köhler kennen. Sie fuhr einen uralten Golf. Zu Beginn stellte sie uns die drei Rührschüsseln vor. Auch das muss man wissen: Bei Tupper ist alles»mal 3«. Echt trinitarisch. Für Christen also kein Problem. Die große Rührschüssel ist für den Salat bei der eigenen Goldenen Hochzeit. Die mittlere Rührschüssel ist für Rührteig. Und womit schabt man den? Richtig! Mit dem Teigschaber; und den hatten wir ja schon. Und die kleine Rührschüssel? Wir Frauen, so Frau Köhler, wissen die Antwort. Denn beim Rührteig bleibt ja immer ein kleiner Klumpen übrig. Was machen wir damit? Wegschmeißen? Nein, nicht in einer Welt mit Hunger und Armut. Den Klumpen tun wir in die kleine Rührschüssel. Und nach 14 Tagen schmeißen wir ihn weg.

Das hat mich komplett überzeugt. Von nun an war ich jede Woche bei Frau Köhler. Nach zwei Jahren fuhr sie einen 3er BMW und unser Haushalt war perfekt zugetuppert. Aber das ist ja kein Grund, um aufzuhören.

Letzten Winter, nach 15 Jahren (Frau Köhler fährt mittlerweile einen VW-Phaeton), bekam ich den kleinen goldenen Teigschaber am Band. Leider hatte ich an dem Abend aber auch Mittelohrentzündung. Nicht von Tupper, sondern von selbst. Aber ich verstand, dass Frau Köhler wieder etwas Neues vorstellte: die ovale Phase. Auch das habe ich gelernt. Bei Tupper ist alles streng geometrisch. Rund, quadratisch, dreieckig (damit man die Boxen besser in die Ecken vom Kühlschrank stellen kann), rechteckig und nun oval. Das heißt: Ich muss wieder alles neu kaufen, sonst kann ich die Dosen nicht platzsparend stapeln.

Die Vorzüge der ovalen Phase erklärte Frau Köhler mit dem »Doppelten Lottchen«. Da kann man auch hygienisch bedenkliche Dinge hineintun. Wir Frauen wissen Bescheid! Ich sage nur: Heringssalat. Sie sagte: »Rein damit in's Doppelte Lottchen; der hält drei Tage!« Doch mit meinen schwachen Ohren verstand ich: »Der hält drei Monate!« Und weiter sagte sie: »Drei Tage im Kühlschrank«, und ich verstand »auf der Fensterbank«. Sie schloss: »Das ist ganz unbedenklich. Das können Sie sogar Ihrer Schwiegermutter servieren.« Das habe ich verstanden.

Nach drei Monaten kam Schwiegermutter erneut zu Besuch. Sie hatte Appetit und ich ging zur Fensterbank. Beim Öffnen der Gardinen bemerkte ich, dass sich das

Doppelte Lottchen in der Zwischenzeit zu doppelter Größe aufgebläht hatte. Beim Öffnen machte die Dose auch ein seltsames, zischendes Geräusch. Und der Hering war auch nicht mehr alleine.

Schwiegermutter aß und nach 14 Tagen war sie von der Intensivstation wieder runter. Da kam der Staatsanwalt und stellte mich vor die Alternative: zwei Jahre Knast auf Bewährung wegen versuchten Totschlags oder Selbsthilfegruppe.

Nun bin ich also in der Selbsthilfegruppe AT. Anonyme Tupperaner. Zu Beginn musste sich dort jeder ein persönliches Ziel setzen. Ich sagte:»Ich kaufe nichts mehr privat! Ich kaufe nur noch was für meine Kirchengemeinde.« Denn tupperwaretechnisch betrachtet ist fast jedes Gemeindehaus noch Entwicklungsgebiet. Der Effekt in meiner Gemeinde war umwerfend. Der Gottesdienstbesuch hat sich seither um den Faktor 4 vergrößert. Denn wenn man Abendmahlsoblaten eintuppert, kleben die nie wieder am Gaumen.

WEINKENNER

Trinke nicht mehr nur Wasser, sondern nimm ein wenig Wein dazu um des Magens willen und weil du oft krank bist.

1. Timotheus 5,23

»EIN Pastor trinkt Rotwein!«, sagte meine Oma. Ich weiß nicht, woher sie das wusste, aber wenn sie Recht hatte, dann hatte sie Recht. Damit waren meine Startchancen für den Pastorenberuf äußerst schlecht. Denn in meiner Kindheit tranken alle Erwachsenen um mich herum nur Bier und Korn. Mein Vater war Baufacharbeiter. Die Währung hieß damals: Astra und Heidmärker. In den 70er Jahren baute er für unsere Familie ein Haus oder er half den Verwandten, Bekannten und Nachbarn bei deren Häuslebau. Ich kann mich noch erinnern, wie oft ich mit meinem klapprigen Kinderfahrrad zum nahegelegenen Sparmarkt gefahren bin, um (als Kind!) Bier und Köm und »Ernte 23« zu kaufen. Ein lukrativer Job, denn das Pfandgeld durfte ich behalten. So kam ich schon früh zu einer ansehnlichen Sammlung von Asterix-Heften.

Wein gab es bei uns zu Hause nur bei ganz besonderen Anlässen. An zwei Events kann ich mich noch gut erinnern: die Goldene Hochzeit meiner Großeltern und meine Konfirmation. Da meine Eltern nichts von Wein verstanden, kauften sie nach dem Etikett. Am schönsten gefielen ihnen die Flaschen mit einem roten Siegel darauf. Sie wussten nicht, dass Rot als Signalfarbe vor lieblichem, also süßem Weißwein warnt. Wie dem auch sei: Die Flaschen wurden zum großen Anlass geöffnet. Alle stießen an, probierten und sagten »Mmh« und dachten »Pfui Deibel!«. Dann kehrten sie wieder glücklich und erleichtert zu Bier und Korn zurück. Es ist schon ein Segen, wenn man nicht zu den vornehmen Menschen gehört, die dauernd und nur Wein trinken müssen.

In der Oberstufe des Gymnasiums erfuhr ich auch nichts über Wein. Bei Klassenfeten gab es Persico, Cola – Rum, Apfelkorn und schon wieder Bier. Endlich war irgendwann das Abitur erreicht und mit dem Eintritt in das Theologiestudium entdeckte ich eine neue Spezies der Gattung Homo Sapiens: den Theologiestudenten. Fast alle meiner neuen Studienfreunde kamen bereits aus vorbelasteten Familien, in denen bereits der Vater, der Großvater und der Urgroßvater als Pastoren tätig waren. Das ist die evangelische Variante der apostolischen Sukzession. Omas Spruch bewahrheitete sich. Meine Kommilitonen kannten sich bereits alle vorzüglich mit Weinen aus. Bei Studentenfeiern fühlte ich mich wie der Doofmann vom Lande. Die anderen diskutierten, ob der Chateau Duhart von 1987 bereits trinkfertig sei oder ob der Eschendorfer Lump vom Weingut Schäffer besser schmeckt als der vom Weingut Stumpf. Ich machte mich dann immer ganz klein, nickte in der Hoffnung, dass mich keiner fragt. Wie gerne hätte ich jetzt ein Bier bestellt, aber das traute ich mich nicht.

Dann lernte ich Gabriele kennen. Sie war eine wundervolle Kommilitonin, denn neben Griechisch und Hebräisch führte sie mich in die Welt des Weines ein mit einem simplen Hinweis. »Es gibt nur ein Kriterium«, sagte sie, »und das ist: Er schmeckt Dir oder nicht! Wenn er Dir nicht schmeckt, dann hilft Dir auch nicht die Aussage, er habe 50 Mark gekostet.« Gabriele und ich haben diese Erfahrung dann zwei Semester lang vertieft mit Merlot und Donnafugata, während Tracy Chapman von der CD sang. Sogar ein simpler Filou Rouge aus dem Supermarkt war dabei und hat zum halben Grillgockel hervorragend geschmeckt.

Mit meinem erworbenen Basiswissen startete ich in das Vikariat – und siehe da: Jetzt hatte ich keine Angst mehr und konnte unter Weinkennern überleben. Dabei machte ich aber die erschreckende Erfahrung, dass es unter den Weinkennern eine ganz nervige Unterart gibt: den Weinschnacker. Er genießt nicht den Wein, er redet über Wein. Besserwisserisch, arrogant, oberlehrerhaft, kurz gesagt: doof. Solche Typen überlebte ich nur mit gnädigem Durchhaltevermögen.

Dann kam ich auf meine erste Pfarrstelle am Dom zu Bardowick. Gegenüber lag – wie praktisch – die Domkellerei mit vorzüglichen Weinen. Zu den vielen Menschen, die ich kennenlernen konnte, gehörte auch der ein oder andere Freund der gereiften Trauben. Darunter war auch Lothar von der Müritz (an der Knatter). Er war arbeitslos, aber adelig. Ihm gehörten große Ländereien in Norddeutschland. Jeden Tag ritt er mit seinem Wallach namens Dostojewski durch die Feldmark. Als ich hörte, wie er sein Pferd nannte, nannte ich meinen Drahtesel »Shakespeare«. Lothar war eine ansehnliche Gestalt, die an Curt

Jürgens erinnerte. Er war sehr nett und für die Kirchengemeinde äußerst spendabel eingestellt. Nur hatte er einen
Tick. Jeden Monat ließ er sich von einem großen Hamburger Weingeschäft eine Kiste mit 12 Raritätenweinen
zukommen. Wie es sich gehört, wollte er damit gern auch
etwas angeben, und so klingelte zu Monatsanfang immer
das Telefon gegen Mittag beim Bürgermeister oder beim
Sparkassenchef oder beim Pastor. Sofort lud er dann den
Erreichten ein und ließ sich nicht abwimmeln.»Kommen
Sie bitte sofort. Ich habe etwas Wunderbares erworben.
Meine Frau macht bereits die Lachsschnittchen.«

Katharina von der Müritz (an der Knatter) war im ganzen Dorf bekannt für ihre Lachsschnittchen. Also zog ich
den guten Anzug an und steckte die Tupperdose ein. Dann
schwang ich mich auf Shakespeare und radelte zum Gut
von Lothar. Es war ein Sommertag, und es war heiß. Sehr
heiß. Endlich angekommen, führte mich der Gutsherr
sogleich in seinen Weinkeller, ohne an den bereits aufge-
bahrten Schnittchen Rast zu machen. Der Weinkeller war
ein Traum. Ein altes Tunnelgewölbe mit braunen Wein-
schränken, an denen rote Digitalnummern die Temperatur anzeigten. Für jeden Liebhaber musste das der Vorhof
zum Paradies sein. Die Menge des Weines korrespondierte
mit der Fülle des Weinwissens von Lothar. Sofort fühlte ich
mich wieder wie der Doofmann vom Lande und nahm mir
vor, nichts Dummes zu sagen, d.h. am besten gar nichts.
Lothar schritt zu einem alten Smith & Wessons-Tresor
aus den 30er Jahren, der in der Mitte des Gewölbes stand.
Mit einem Schlüssel, der in seiner Weste steckte, öffnete er
den Safe. Mildes Halogenlicht im Inneren beleuchtete 12

kleine Fläschchen. Er nahm eine mit Sorgfalt in die Hand und las mit andächtiger Stimme das Etikett: 1976. Riesling Trockenbeerenauslese trocken. Doktorberg. Bernkastel – Kues. Nach einem Moment des besinnlichen Schweigens konnte ich nur leise »Amen« sagen. Lothar holte zwei riesengroße Kristallgläser der teuersten Marke, öffnete mit einem silbernen Screwpull-Korkenzieher und goss ein. Naja, eingießen ist etwas zu viel gesagt. Eine homöopathische Dosis ließ er in das Megaglas tropfen. Dabei hatte ich in der Sommerhitze und nach der Fahrradfahrt einen stechenden Durst. Er sagte »Zum Wohle« und ich wollte trinken, doch er fiel mir in den Arm. »Halt«, sprach der Gutsherr, »schauen Sie sich erstmal diese Farbe an.« Ich guckte und schaute. Mich erinnerte der Anblick an gesunden Mittelstrahlurin. Lothar dozierte: »Das sind die Farben des Sommers von 1976.« Niemals, dachte ich, denn an dieses Jahr konnte ich mich sehr gut erinnern. Damals wurde ich konfirmiert. Zur Konfirmation trug ich einen hellblauen Anzug, ein orangefarbenes Hemd mit Kragenspitzen, die bis zur Brust reichten. Dazu kam eine braune Krawatte mit Ochsenaugenmotiv, unten breit wie eine Serviette. Ich sah aus wie ein kleiner Guildo Horn. Das waren die Farben von 1976. Ich setzte zum zweiten Trinkversuch an, und wieder stoppte mich Lothar. »Nehmen Sie erstmal eine Nase«, sprach er und versenkte seine selbige in das Glas. Er schnüffelte und schniefte. Ich wurde Augenzeuge der ersten Nasenerektion, die ich je gesehen habe. Als er seine Nase wieder aus dem Glas geführt hatte, sagte er: »Rosinenton, Duft von Dörrpflaumen, eine Prise Zigarrenkiste und verbranntes Heu.« Seltsam, ich hatte bisher immer gemeint, Wein mache man aus Weintrauben, aber

21

auch ich lerne eben nicht aus. Mein dritter Trinkversuch führte nun endlich zum Erfolg. Ansetzen, runterschlucken, lecker! Sehr lecker. Lothar verdrehte die Augen vor Glück. Er war im Weinland der Seligen. Als er die Augen wieder öffnete, fragte er mich nach meiner Meinung.»Bevor ich etwas sage«, meinte Lothar,»sollen Sie es sagen.« Das hatte ich befürchtet. Das konnte ja nur schiefgehen. Ich versuchte es mit einem erprobten pastoralen Kommunikationstrick. Immer, wenn Pastoren keine Ahnung haben, geben sie Adjektive mit drei Silben zur Antwort, wobei sie diese einzeln aussprechen, um am Ende die dritte Silbe zu betonen. Ich sagte:»Wun-der-bar. Ta-dellos. Phan-tas-tisch.« Lothar wurde ungeduldig:»Können Sie noch etwas Genaueres sagen?« Ich fuhr fort:»Fa-belhaft. Kon-gen-ial. Aber ...« Da war es raus, das böse Wort: »Aber«. Und ich konnte es nicht wieder zurücksaugen. Es hing wie ein Pups im Kellergewölbe.»Was meinen Sie mit ABER?«, fragte Lothar mit ernster Stimme. Ich stammelte: »Aber, aber, aber (lieber Gott, wenn Du mir bitte einmal jetzt gleich helfen könntest!), aber ... Ich glaube, der Wein möpselt.«»Er möpselt?«, schrie Lothar. (Ich hatte mir das Wort dank Gottes und Tucholskys Eingebung einfach gerade ausgedacht.)»Er möpselt?« Lothar nahm noch einen Schluck und stöhnte dann mit aufgerissenen Augen:»Sie haben Recht! Mein Wein möpselt.« Sofort öffnete er eine zweite Flasche.»Die auch!«, röchelte er. Eine dritte Flasche. »Die ganz besonders! Das darf nicht wahr sein! 275 Mark pro 0,375 ml Flasche, und der Pastor kriegt raus, dass er möpselt.« Tränen standen in seinen Augen. Ich versuchte Lothar zu trösten, indem ich sagte:»Er möpselt aber nur ein ganz kleines bisschen im Abgang mit einem kleinen

Säureschwänzchen.« Das war nun doch zu viel für den guten Gutsherrn. Er ließ den Tränen freien Lauf, sodass ich lieber den pastoralen Rückzug angetreten habe. Oben angekommen füllte ich noch schnell die Tupperdose mit den Lachsschnittchen, und dann bin ich – so schnell ich konnte – mit Shakespeare in mein Pfarrhaus geflüchtet.

In den folgenden Tagen sah man weder Lothar noch Katharina im Dorf. Alles, was man auf dem Gutshof sehen konnte, war der Wallach Dostojewski. Man hatte den Eindruck, er würde leicht taumeln. Daran erkennt man deutlich die Besonderheit des deutschen Adels. Anstatt einen Wein, der im Abgang mit einem Säureschwänzchen möpselt, einfach wegzuschütten, gibt man ihn lieber dem Pferd zum Saufen.

KALTE FÜSSE

Als aber der König David alt war und hochbetagt, konnte er nicht warm werden, wenn man ihn auch mit Kleidern bedeckte. Da sprachen seine Großen zu ihm: Man suche unserm Herrn, dem König, eine Jungfrau, die vor dem König stehe und ihn umsorge und in seinen Armen schlafe und unsern Herrn, den König, wärme. Und sie suchten ein schönes Mädchen im ganzen Gebiet Israels und fanden Abischag von Schunem und brachten sie dem König. Und sie war ein sehr schönes Mädchen und umsorgte den König und diente ihm.

1. Könige 1,1-4

MEINE Frau ist ein physikalisch-biologisches Phänomen. So drückt man sich heute als gebildeter Mensch aus. Diese Sprechweise stammt von der Systemischen Psychologie. Dabei werden negative Dinge nur noch positiv formuliert. Sagte früher ein Polizist:»Sie haben Ihren Nachbarn mit einer Mistgabel erstochen!«, so stellt er heute fest:»Oh, Sie haben großes Interesse an Ihrem Nachbarn gezeigt.« Durfte früher die Lehrerin formulieren:»Ihr Sohn ist ein notorischer Schulschwänzer und mobbt die Mitschüler!«, so sagt sie heute:»Ihr Sohn ist verhaltenskreativ.«

Zurück zu meiner phänomenalen Frau. Jeden Abend um 22 Uhr macht sie sich bettfertig. Sie macht nicht das Bett fertig und mich nicht im Bett fertig, nein, sie macht sich selbst fertig für's Bett. Dabei – und das ist das Erstaunliche – fällt die Temperatur ihrer Füße auf den absoluten Nullpunkt. Das sind minus 273 Grad Celsius. Da bewegen sich nicht einmal mehr die Elektronen in den Atomen. Die Füße strahlen lediglich noch ein bläuliches, phosphorisierendes Licht aus. Ich liege derweil im Bett und warte in freudiger Erwartung. Meine Frau legt sich neben mich und dann mäandern auf einmal ihre zwei Eistentakel zu mir herüber. Die ganze Vorfreude fällt augenblicklich in sich zusammen. Kein Wunder, dass in Deutschland so wenige Kinder geboren werden. Die Eisquanten sind der Tod der Liebe. Meine Frau hat allerdings viele Hilfsmittel ausprobiert, um ihr Phänomen zu beheben. Heiße Fußbäder, laue Fußbäder, kalte Fußbäder. Sogar ein Aquarium mit Mini-Piranhas hat sie vor das Bett gestellt. Die haben ihr dann derart die Füße angeknabbert, dass sie froh war, sie am Ende wieder heil rausziehen zu können. Sie hat in ihrer Familienchronik nachgelesen, ob Vorfahren von ihr dasselbe erlebt haben. Es könnte ja erblich bedingt sein. Fehlanzeige. Ich habe auch meine Chronik gewälzt. Vielleicht ist es ja ansteckend. Wieder Fehlanzeige. Aber ich fand heraus, dass meine Großmutter die Gabe hatte, besprechen zu können. Also habe ich die Füße meiner Frau besprochen. Der Effekt war derselbe wie bei meiner Sonntagspredigt: Sie sind eingeschlafen.

Wenn nichts mehr hilft, dann hilft die Bibel. Also habe ich jeden Abend nun die Bibel gelesen. Am Anfang steht die Schöpfungsgeschichte. Gott hat zwar die ganze Welt geschaffen, aber von kalten Füßen ist nicht die Rede. Die Füße meiner Frau sind also gegen die Schöpfungsordnung! Nach Wochen wurde ich aber doch noch fündig. Im Alten Testament, im 1. Buch Könige Kapitel 1, wird Folgendes beschrieben:»Als aber der König David alt war und hochbetagt, konnte er nicht warm werden, wenn man ihn auch mit Kleidern bedeckte.« Treffer. Wenn das kein Indiz für kalte Füße ist, was dann? Davids Hofstaat suchte nach einer Lösung und man fand sie. Eine Wärmflasche musste her. Eine Wärmflasche mit Ohren. Das junge Mädchen hieß Abischag und kam aus Sunem. Im blauen Licht ihrer Füße habe ich das meiner Frau sofort vorgelesen, doch sie sagte nur:»Eine zweite Frau kommt mir nicht in's Bett«. Die Bibel hat auch nicht mehr die Autorität wie früher.

Aufgeben wollte ich nun erst recht nicht. Wohin geht ein Mann, wenn er nicht mehr weiter weiß? Früher ging er in den Beichtstuhl, heute in den Baumarkt. Wie viele psychologisch orientierungslose Männer, verkleidet als Bob, der Baumeister, sind dort zu beobachten. Dort fand ich die Lösung für meine nächtliche Misere: Glaswolle. Jawohl, die gute, alte Glaswolle. Wer sie jemals berührt hat, fühlt selbst beim Lesen dieser Zeilen noch ihre Wirkung. Die Isolierwatte habe ich zu Hause in zwei alte Weinkartons gestopft. Dann bat ich meine Frau, hinein zu schlüpfen. Das war schwieriger als gedacht, sodass ich sie am Ende hinein stülpen musste. Nun konnte sie allerdings mit den Kartons an den Paddeln schlecht gehen. Also habe ich beim Baumarkt den Traum eines jeden deutschen Mannes gekauft: eine Sackkarre. Ein Mann ohne eigene Sackkarre ist wie Sodom ohne Gomorra. Mit der Sackkarre bin ich dann von hinten an meine bettfertige, gestiefelte und isolierte Frau herangefahren, habe sie aufgeladen und dann auf das Bett abgekippt. Die Glaswolle isoliert die Kälte perfekt ab – und durch den Kitzeleffekt wird ihr wieder ein wenig warm um die Knöchel. Und wieder bewahrheitet sich die alte Regel: Nur die Pastoren sind beschissen, die sich nicht zu helfen wissen.

Neuerdings klagt meine Frau leider über kalte Ohren. Aber ich habe da schon wieder eine Idee ...

FÖHR

Da merkte ich, dass es nichts Besseres dabei gibt als fröhlich sein und sich gütlich tun in seinem Leben. Denn ein Mensch, der da isst und trinkt und hat guten Mut bei all seinem Mühen, das ist eine Gabe Gottes.

Kohelet 3,12-13

ES gibt Menschen, die fahren nur in den Urlaub, um dort den nächsten Urlaub zu buchen. So genannte Vorfreudefrühbucher. In meiner Kinderzeit war das noch ganz anders. Mein Vater ist Baufacharbeiter gewesen und somit hatte er fast jedes Jahr von Januar bis März »Schlechtwetter«. Meine Mutter war verzweifelt. Was sollte sie denn nun tagsüber mit ihm zuhause anstellen? Schon nach einer Woche hatte er Garage, Keller und Dachboden aufgeräumt. Und nun? Farblich passte er zwar zur Polstergarnitur, aber irgendwas musste ja nun doch geschehen. Also schickte sie ihn mit dem VW 1300 in unser dörfliches Reisebüro, um Prospekte zu holen. Was für eine schöne bunte Bilderwelt war da zu entdecken. Überall im Haus lagen die Hefte verteilt und aufgeschlagen. Sonnige Himmel, schöne Hotels, schicke Swimming Pools. Nach einer Woche des freudigen Blätterns fragte Vater dann: »Na, Kinder, wo soll es hingehen? Goslar oder Bad Harzburg?« Das waren noch Zeiten. Mallorca war ja noch nicht im Mittelmeer aufgetaucht.

Meine Frau bucht heute den Urlaub für uns. Nicht mehr mit Reiseprospekten wie anno dazumal. Das macht sie bequem von zuhause aus. Auf dem Sofa am Sonntagabend,

29

während wir »Inspector Barnaby« gucken. Dazu hat sie einen Ipatsch vor sich liegen. Darauf rubbelt sie die ganze Zeit mit den blanken Fingern hin und her. Ich finde das total unästhetisch, denn ich habe noch als Kind gelernt, keine lackierten Flächen mit den Händen zu berühren. Am Ende des Abends hat sie dann gebucht. Unseren Ferienort, zu dem wir seit Jahren immer wieder fahren. Zwei Wochen pro Jahr sind für uns Pflicht. Es geht nach Föhr. Nach Wyk auf Föhr. Früher hätte ich mir nie vorstellen können, auf die Insel Föhr zu fahren. Ich hatte eine Abneigung gegen die Nordseeinseln, denn für einen Urlaub auf Sylt braucht man einen Mercedes und für einen Urlaub auf Föhr einen Rollator. Föhr hatte tatsächlich einmal den Ruf, eine einzigartige Senioreninsel zu sein. Es stimmt wohl, dass auf keine deutsche Insel mehr Kukident importiert wird. Auch ist es zutreffend, an der Strandpromenade mindestens 1000 Seniorenpaare zu treffen bei einem Kuchengedeck und anschließendem Bier mit Bierwärmer für Opa. Dann ziehen die Alten am Strand davon mit ihren neumodischen »Sticks« als norddeutsche Stockenten. Und hinterher sitzen sie in ihren schicken Ferienwohnungen und lesen sich gegenseitig die Rentner-Bravo vor (auch bekannt als Apothekenumschau). Obwohl sich die Lektüre wirklich lohnt. Neulich las ich die Überschrift »Sex mit 70«. Meine Güte, ich schaffe nicht mal zwei. Aber da sieht man mal, was die moderne Seniorenhochleistungsmedizin alles fertig bringt.

Für uns beginnt der Urlaub immer mit der Vorfreude. Wenn ich mir vorstelle, wieder in Dagebüll an der Mole zu stehen: in einer Hand ein Fischbrötchen, in der anderen eine Flasche Bier. Herrlich. Dabei beginnt die freudige Erwartung schon drei Tage zuvor. Dann packen meine Frau und ich unsere Koffer. Extra von Samsonite gekauft. Das Jahr über liegen sie auf unserem Dachboden, bis meine Frau sie über eine wackelige Leiter herunter bugsiert. Ich überlasse diese Arbeit gerne meiner Frau, denn mir ist die Leiter zu gefährlich. Und falls sie tatsächlich runter fallen sollte, kann ich immerhin noch die teuer angeschafften Koffer auffangen. Jeder von uns packt dann seinen Koffer selbst. Ich habe schon einen regelrechten Packplan im Kopf. Oben links kommt für zwei Wochen rein: ein frisches Unterhemd, ein frisches Paar Strümpfe und ein frischer Schlüpfer. Nach einer Woche ist dann Wäschewechsel. Dieses Vorgehen kenne ich noch aus meiner Kindheit. Samstag war immer Wäschewechsel. Zuvor wurde im Badezimmer der Boiler angezündet. Die Wassermenge reichte genau für eine volle Badewanne. Darin badeten zuerst Mama und Papa, dann Oma, dann ich und dann der Hund. Und ich habe überlebt. Bis zum nächsten Samstag gab es dann die Dusche für den kleinen Mann. Die bestand aus einem Hygieneartikel, den ich heute nicht einmal mehr im Konfirmandenunterricht erwähnen darf, sonst bekommen die Mädchen Ausschlag im Gesicht. Es war der »Waschlappen«. Eigentlich waren es immer zwei: einer für »oben rum« und einer für »unten rum«. Was sollte man machen, schließlich war die Dusche noch nicht erfunden und die Bundesrepublik Duschland, in der jeder mindestens dreimal täglich braust, gab es auch noch nicht.

Neben der Wechselwäsche ist ja noch viel Platz im Koffer. Hierhin kommt der »Kulturbeutel«. Dieses Wort gibt es nur in der deutschen Sprache. Nur wir Deutschen tragen unsere Kultur in einem Beutel! Ich habe gemerkt: Je älter ich werde, um so größer wird der Kulturbeutel. Früher, als Student beim Interrail, brauchte ich nur eine Zahnbürste. Aber heute? Der Kulturbeutel wiegt mindestens 10 Kilogramm, gefüllt mit vielen kleinen, braunen Schraubfläschchen voller homöopathischer Kügelchen. Keine Wirkung, aber dafür auch keine Nebenwirkung. Dazu ein Liter Teebaumöl. Und natürlich eine Unmenge von Spraydosen. Wir sind die Weltmeister im Sprayen. Man hat untersucht, dass ein Deutscher bis zum 75. Lebensjahr soviel Spray versprayt hat, dass er damit einen Heißluftballon steigen lassen könnte. Deospray, Mundspray, Fußspray, Intimspray. Sogar Balsamico-Essig gibt es mittlerweile zum Sprayen. Noch vor wenigen Jahren sagte ich meiner Frau auf Föhr: »Du, die Sonne brennt; creme mir bitte den Rücken ein.« Heute sagt sie zu mir: »Spray Dir doch selbst einen.« Wieder ein Grund, warum wir bei uns so wenige Kinder haben. Ohne haptischen Kontakt geht das eben nicht. Und das Empfängnisspray ist noch nicht auf dem Markt.

Apropos: Warum gibt es eigentlich kein Kirchenspray? Ich möchte auf den Tatbestand hinweisen, dass jede Kirche ihren eigenen Geruch hat! Es gibt keine zwei Kirchen auf der Welt, die gleich riechen. Mit etwas Phantasie kann jeder Mensch sogar noch die Kirche aus seiner Konfirmationszeit geruchlich erinnern. Wenn das so ist, dann könnte man damit Geld verdienen. Der Duft jeder Kirche wird ganz einfach destilliert und dann im Flacon für viel Geld verkauft. Das hätte einen praktischen Verwendungszweck. Man stelle sich vor, man erwacht am Sonntagmorgen gegen 8 Uhr und verspürt den irrationalen Wunsch, wieder einmal in den Gottesdienst zu gehen. Leise steht man auf, geht in's Badezimmer, öffnet das Kirchenduftfläschchen, atmet tief ein … und legt sich dann wieder hin.

Nun gut, das sind Zukunftsträume. Meine Zukunft beginnt, wenn ich wieder auf der Mole in Dagebüll stehe. In der einen Hand ein Fischbrötchen, in der anderen eine Flasche Bier. Und hinter mir meine Frau, die sich mit den beiden Samsonite-Koffern abmüht. Ich kann ihr leider nicht helfen, denn ich habe beide Hände voll zu tun.

TCHIBO

Als die Weisen den Stern sahen, wurden sie hocher-
freut und gingen in das Haus und fanden das Kindlein
mit Maria, seiner Mutter, und fielen nieder und beteten
es an und taten ihre Schätze auf und schenkten ihm Gold,
Weihrauch und Myrrhe.

Matthäus 2,10-11

BALD ist es wieder soweit. Weihnachten steht vor der Tür. Und damit auch der Stress der Vorbereitung. Von wegen nur Mandarinen puhlen, Engelsgeläut, Weihnachtsmarkt und Vater betrunken von der Glühweinbude zerren. Es müssen die Geschenke geplant werden. Viele machen sich ja eine Liste: Von wem habe ich was letztes Jahr zu Weihnachten bekommen? Dann kann man den Wert taxieren, die Inflation einrechnen – und schon ist die Frage da: Was schenkt man zurück?

Ich habe einen guten Ratschlag. Ich kaufe alle Geschenke für alle meine Lieben – und alle die mich mal gerne haben können – am Heiligen Abend um 10 Uhr in einem einzigen Geschäft: bei Tchibo.

Früher kaufte man bei Tchibo lediglich Kaffee. Wollte man einen Elektroartikel erwerben, fuhr man in die nächste größere Stadt zu Brinkmann. Dann versuchte Brinkmann der Insolvenz zu entgehen, indem er Kaffee verkaufte, und ging damit komplett pleite. Seitdem ist das ganze Elektrogeschäft bei Tchibo gelandet. Dort gibt es auch immer noch Kaffee, aber eben neuerdings auch Akkuschrauber,

Handys, Duschköpfe und WC-Bürsten. Seit kurzem hat Tchibo zusätzlich Bekleidungsartikel. Ich vermute, C & A schwächelt auch. Zum letzten Weihnachtsfest hatte Tchibo sogar Unterbekleidung im Angebot. Eine Unterhose mit Sternchen. Für den Herren. Ich stelle mir vor, wie Vati sich freut: unter dem Weihnachtsbaum, neben dem Ständer, ein Schlüpfer von Tchibo. Aber nicht einfach nur ein Schlüpfer. Ein Tanga-Slip. Strippe im Po. Das Modell hieß »Latte Macchiato«.

Mein Problem der letzten Jahre sind aber nicht die Geschenke, die ich für andere kaufe, sondern die Geschenke, die ich bekomme. Alle diese Stehrumchen, Staubfänger, Grässlichkeiten aus Moosgummi, Makramee, Lacktauchblumen und andere Konsorten vom letzten Volkshochschulbastelkurs. Für diese Geschenke hat man in den 70er Jahren in Deutschlands Neubauten das »Gästeklo« erfunden. Als Archiv für die Scheußlichkeiten der Verwandtschaft und der Nachbarn.

Ich kaufe mir deshalb meine Geschenke lieber selbst. Im Supermarkt. Ich liebe die deutschen Supermärkte. Diese Größe, diese Weite, diese Auswahl, diese schöne Hintergrundmusik. Bei »Imagine« von John Lennon kann ich minutenlang meditativ vor dem Klopapierangebot verweilen. Herrlich. Nur das Ende vom Einkauf ist nicht so schön. Dann stehe ich in der Halle der Offenbarung der gesellschaftlichen Realität in der Bundesrepublik Deutschland. Zehn Kassen nebeneinander, drei Millionen Arbeitslose, aber nur zwei Kassen sind besetzt. Doch Männer haben meistens den Durchblick. Sie können ihrer Frau immer sagen, an welche Kasse sie sich anstellen soll. Leider hat meine Frau mit mir nicht so viel Glück. Meine Kasse braucht immer am längsten. Immer. Selbst wenn ich das Glück habe (Eins zu 148 Millionen), dass vor mir eine neue Kasse geöffnet wird, gibt es ein Problem. Ich lege alle Waren auf das Band (natürlich mit dem Knüppel, der die Waren trennt), doch spätestens beim dritten Artikel nimmt die Verkäuferin das Mikro in die Hand und ruft:»Ich hab' hier ein Storno.« Und erneut darf ich 20 Minuten warten, bis es weiter geht.

Aber es kann noch schlimmer kommen. Oma Müller. Wenn Oma Müller an der Kasse steht, dann legt sie fein säuberlich ihre Waren auf das Band. Am Ende sagt die Kassiererin den Preis:»9 Euro 98 Cent.« Oma Müller gibt ihr einen 10 Euro-Schein, doch dann zieht sie ihn zurück und sagt:»Ich glaub', ich hab' es passend!« Dann kramt sie minutenlang in ihrem alten Lederportemonnaie und meint schließlich:»Nö, doch nicht.« Und ich stehe hinten und trauere um meine verlorene Lebenszeit. Zum Trost halte ich mich an Martin Luther: Der Christenmensch lernt Geduld nur durch die Anfechtung.

NEUER MANN

Da machte Gott der HERR den Mann aus Erde vom Acker und blies ihm den Odem des Lebens in seine Nase. Und so ward der Mann ein lebendiges Wesen.

1. Mose 2,7

KENNEN Sie die EEB? Das ist die Evangelische Erwachsenen-Bildung. Dahinter stehen gebildete evangelische Erwachsene, die ungebildeten evangelischen Erwachsenen das Lesen der BILD-Zeitung beibringen (unter anderem). Wenn jemand bei der EEB ein Seminar besuchen möchte, dann muss er sich beeilen. Kaum erscheint ein neues Jahresprogramm, dann sind zwei Tage später schon alle Veranstaltungen ausgebucht. Es gibt nämlich echte EEB-Junkies. Die buchen sich sofort und überall ein. So beliebt ist dieses Fortbildungsangebot der Landeskirche Hannovers. Um an ein Ticket zur Teilnahme zu kommen, muss man entweder warten, bis ein zuvor Angemeldeter stirbt, oder man sucht auf dem Schwarzmarkt. Neulich hatte ich Glück. Bei eBay wurde ein Ticket angeboten. Ich habe sofort zugeschlagen. Der Termin passte. Der Titel wurde nicht vorher verraten. Aber 100 Euro war mir die Sache wert. Wenn alle irgendwo hinwollen, dann will ich das auch. Kaum zu glauben: Ich habe zum ersten Mal eine eBay-Auktion gewonnen! Ich überwies das Geld, die Karte kam und ich las zum ersten Mal die Überschrift für meine erste EEB-Tagung: »Der neue Mann«.

Tagungsort war in Hannover das Hanns-Lilje-Haus (Nomen est Omen) in der Knochenhauerstraße (noch mehr Nomen, noch mehr Omen). An der Rezeption meldete ich mich an. Die Frau an der Anmeldung fragte mich nach meinem Namen und dann nach meinem Geschlecht: männlich oder weiblich oder transgender. Wir leben in modernen Zeiten, in denen der Name und das Aussehen schon lange nicht mehr reichen. Ich überlegte zwölf Minuten und entschied mich für »männlich«. Dann schickte mich die Dame zum Aufzug, der bis in den dritten Stock fuhr. Dort begrüßte mich Frau Wagner-Detmolt, die Tagungsleiterin zum Thema »Neuer Mann«. Sie zeigte mir den Weg zum Seminarraum. Davor stand ein Flipchart. Darauf war eine schwierige Zeichnung zu sehen. Links war ein fröhliches Gesicht aufgemalt, dann eine Linie nach rechts, und dort war ein trauriges Gesicht zu sehen. Nun gab mir Frau Wagner-Detmolt einen roten Klebepunkt. Den sollte ich auf die Linie zwischen den Gesichtern an die Stelle kleben, die zeigen sollte, wie ich mich gerade fühle. So etwas hatte ich in der Schule nie gelernt. Nach ca. 20 Minuten aß ich meinen Klebepunkt auf. Dann durfte ich in den Tagungsraum. Was für ein Gefühl, als ich dort eintrat. Alles war vorbereitet. 20 Stühle standen sorgfältig im Kreis und in der Mitte sah ich zum ersten Mal eine »Gestaltete Mitte«. Sie wissen nicht, was das ist? Sie nehmen einfach ein Halstuch von Oma, das sie nicht mehr mag, und legen es zerknüllt auf den Fußboden. Dann eine Kerze darauf stellen und ein paar Gegenstände, die man nicht in den Restmüll werfen kann, locker darum herum verteilen. Schon haben Sie eine »Gestaltete Mitte«. Sie regt zum Denken an, theoretisch jedenfalls. Die anderen Teilnehmer, natürlich alles Männer, kamen nun auch hinzu und setzten sich. Frau Wagner-Detmolt wollte, dass wir uns alle vorstellen, um uns besser kennenzulernen. Dazu warf sie ein rotes Wollknäuel zu einem der Teilnehmer. Der sollte es fangen, seinen Vornamen und sein Lieblingshobby nennen, den Faden festhalten und das Knäuel weiter werfen. Zuletzt habe ich so etwas Schönes im Kindergarten erlebt. Später dann bei den Anonymen Alkoholikern. Als ich dran war, sagte ich:»Ich bin der Matthias und am liebsten lese ich Bücher!« Alle waren begeistert. Dann gab es eine Kaffeepause. Kaffeepausen sind bei der EEB unglaublich wichtig. Danach, so Frau Wagner-Detmolt, sollten wir uns alle in einem anderen Raum treffen. Ich war der Erste vor Ort. Auch hier standen wieder Stühle im Kreis, doch in der Mitte war nun keine Gestaltete Mitte, sondern ein Kinderplanschbecken.»Oh nein«, dachte ich,»jetzt bin ich bei der Ökumenischen Geburtsvorbereitung gelandet!« Die gibt es wirklich. Ich habe davon gehört. Wenn bei der Frau die Wehen einsetzen, dann soll der Mann laut»Paaapst. Paaapst« sagen. Und nachher bei den Presswehen ruft er ganz schnell:»Luther, Luther, Luther.« Das fördert bekenntnistreuen Nachwuchs und ein gesundes Miteinander der Konfessionen. Doch dann sah ich noch einmal genauer hin. Es war nicht der Raum der Ökumenischen Geburtsvorbereitung, denn im Kinderplanschbecken war gar kein Wasser, sondern Sand. Und Frau Wagner-Detmolt. Als alle von uns anwesend waren, steckte sie kleine Barbie- und Ken-Puppen in den Planschbeckensand. Das sah sehr lustig aus wie ein Kamasutra für Protestanten. Doch Frau Wagner-Detmolt sagte, das sei nicht lustig, sondern systemisch. Gut, dachte ich, aber verstanden habe ich sie nicht. Daraufhin machte sie einen Beamer an und zeigte uns eine Powerpointpräsentation. Ohne Powerpointpräsentation gäbe es keine Evangelische Erwachsenenbildung, soviel steht fest. Die Präsentation zeigte eine komplizierte Skizze, ähnlich wie die Barbie- und Ken-Aufstellung. Doch mit etwas gebildeter Erklärung habe ich sie verstanden. Die Frage lautet: Wie stehen Mann und Frau zueinander – je nach Bildungsgrad? Die Antwort ist komplex. Trifft ein schlauer Mann eine schlaue Frau, dann ergibt das eine schöne Beziehung. Trifft ein schlauer Mann eine doofe Frau, dann ergibt das eine blöde Affäre. Trifft ein doofer Mann eine doofe Frau, dann ergibt das nach neun Monaten eine große Überraschung. Doch trifft eine schlaue Frau einen doofen Mann, dann ergibt das: Shopping. Das Vorurteil ist ja bekannt: Frauen haben ein angeborenes Navigationssystem für Schuhläden und Douglas. Männer kommen eben (bildlich gesprochen) vom Planeten Mars, Frauen vom Planeten Zalando. Doch in dem Seminar sollten wir Männer ja nicht die Frauen verstehen, sondern wir sollten danach als »neue Männer« erkennbar sein. Aber woran erkennt man nun einen »neuen Mann«. Frau Wagner-Detmolt wusste Rat: an den Socken. Ja, an den Socken sollt ihr ihn erkennen (ein Satz, der – so meine ich – schon in der Bibel steht). Ein Mann alten Typs trägt immer noch die weißen Tennissocken aus den frühen 80er Jahren. Pastoren sind als Typ auch nicht viel besser, schließlich können sie oft nicht blaue und schwarze Socken voneinander unterscheiden. Achten Sie bitte bei Ihrem nächsten Gottesdienstbesuch auf das, was unter dem Talar rausguckt. Eine ganze liturgische Farbenvielfalt spielt sich da unten ab. Wir »neuen Männer« wissen jetzt Bescheid, worauf es ankommt. Sollten Sie eine Frau sein, stellen Sie uns auf die Probe. Wir sind bereit. Zum Beispiel am nächsten Samstag Abend, wenn Ihr Mann beim »Wort zum Sonntag« zum wöchentlichen Duschbade schreitet. Wenn er dann wieder zu Ihnen in das Wohnzimmer zurückkommt mit weißen Tennissocken in Badelatschen, weißem Feinrippunterhemd, grauer Jogginghose aus Ballonseide, Hattric Classic After Shave im Gesicht, Seborin Haarwasser in der spärlichen Frisur und seine Achselhaare wehen im Wind: Dann sollten Sie sich schnell auf die Schrankwand retten. Von dort rufen Sie dann schnell Frau Wagner-Detmolt an und fragen nach dem nächsten EEB-Seminar für Ihren Gemahl. Rasche Umschulung tut Not.

EHE AB 50

*Und es begab sich, dass David um den Abend auf-
stand von seinem Lager und sich auf dem Dach des Kö-
nigshauses erging; da sah er vom Dach aus eine Frau sich
waschen; und die Frau war von sehr schöner Gestalt.*

2. Samuel 11,2

HABEN Sie schon alle Weihnachtsgeschenke vom letzten Jahr ausgepackt?

Ich weiß: Manche packt man nie aus. Man lässt sie stehen und schenkt sie nächstes Jahr weiter. Zum Beispiel: MonCherie. Da sieht jeder gleich an der Form des eingepackten Päckchens, was da drin ist. Keiner mag den Süßkram, deshalb kann man das Kistchen einfach am nächsten Heiligen Abend dem nächsten Nachbarn weitergeben. Man muss nur mit einem gelben Aufkleber vermerken, von wem man es bekommen hat, sonst könnte es peinlich werden.

Neulich habe ich meine Weihnachtspost entsorgt. Die Altpapier-Tonne wurde geleert. Ich lese zwar die Karten nicht, aber aus irgendeinem Grund lege ich sie unter den Weihnachtsbaum und entsorge sie dann nach Epiphanias. Die Grußkarten von der Sparkasse, von der Volksbank, von der Versicherung, von der Kaffeekapselfirma, vom Tischler und vom Fensterputzer. Alles rein in die Tonne. Doch Vorsicht ist geboten! Ich fand einen Umschlag, der anders aussah. Und in der Tat: Darin war ein Gutschein. Ein Gutschein von meiner Frau. Es war ihr Weihnachtsgeschenk für mich. Gutscheine haben ein Verfallsdatum, genauso wie der Käse aus dem Supermarkt. Es war ein Gutschein für ein Seminar bei der Evangelischen Erwachsenenbildung. Genauer gesagt: ein Paar-Seminar, d.h. meine Frau muss mit. Das Seminar hatte den Titel »Die Ehe ab 50«. Also für Paare, die schon länger als 50 Tage zusammen sind.

Es fand wieder in Hannover in der Knochenhauerstraße statt. 12 Paare hatten sich eingefunden. Da es ein Paar-Seminar war, wurde es auch von einem Ehepaar geleitet. Der Leiter hieß Holger Krückemeier und die Leiterin Gabriele Krückemeier-Behrens. Gleich zu Beginn wurde die Spielregel festgelegt, dass nur die Männer den Holger duzen dürfen, aber die Frau sollten wir Männer siezen. Und die Frauen sollten die Frau duzen und den Mann siezen. Das war sehr kompliziert, aber dann haben sie uns ein Schaubild gemalt, damit wir es begreifen. Evangelische Erwachsenenbildung ist sehr einfühlsam. Nun kamen wir in den Seminarraum. 12 Tische waren aufgestellt und dazu jeweils zwei Stühle, die sich gegenüber standen. Normalerweise sitze ich immer neben meiner Frau, z.B. beim Fernsehen. Aber wenn man sich einmal bewusst gegenüber sitzt, dann merkt man: Meine Güte, andere Leute werden älter. Das hätte ich sonst gar nicht gemerkt. Schon jetzt hat sich der Besuch des Seminars gelohnt. Evangelische Erwachsenenbildung kann hilfreich sein.

Auf dem Tisch lag ein weißes DIN-A 4 Blatt, dazu eine Kinderschere und ein Wachsmalstift. Frau Krückemeier-Behrens sagte, die Frau soll mit dem Wachsmalstift den Umriss eines Baumblattes auf das Papier malen. Das hat meine Frau sehr schön gemacht. Ich bin dafür extra aufgestanden und sagte:»Schaut her, das kann sie sehr gut.« Meiner Frau war das etwas peinlich, aber in einer Ehe muss man sich auch einmal loben können. Nun sollte die Frau das Baumblatt mit der Kinderschere ausschneiden. Ehrlich gesagt: Das hat meine Frau etwas krumpelig gemacht. Wieder bin ich aufgestanden und sagte:»Das kann sie besser, wenn sie sich mehr Mühe gibt.« In einer Ehe muss man auch einmal Kritik äußern können. Da hatte meine Frau schon etwas Pipi in den Augen, aber da muss sie durch.

Jetzt sollten wir Männer auf das Blatt die drei Sätze schreiben, die wir jeden Tag unserer Frau sagen. Das hätte ich gerne vorher gewusst, darauf war ich nicht vorbereitet. Also bekamen wir 15 Minuten Stillzeit zum Schreiben. Auch Männer können stillen. Danach gaben wir die Blätter zu Holger, der sie mit Magneten an die Magnetic-Pinwand heftete. Evangelische Erwachsenenbildung ist sehr modern, jedenfalls was die Präsentationstechnik betrifft. Jetzt sollte jeder Mann nach vorne kommen, um die drei Sätze vorzulesen. Ich war als Erster dran. Doch noch bevor ich vorlesen durfte, sagte Holger:»Denke daran, diese drei Sätze sind die drei Lügen, die Du jeden Tag Deiner Frau erzählst!« Das hätte er auch vorher sagen können. Also, ich las vor. 1. Satz: Ich Dich auch. (Ein deutscher Satz benötigt kein Verb!) 2. Satz: Schmeckt lecker. 3. Satz: Da hat mich die Katze der Nachbarin gekratzt. Alle im Saal haben daraufhin gelacht, nur meine Frau nicht. Die hat so geflennt, dass Frau Krückemeier-Behrens sie in den Snoozelraum gebracht hat. Ich weiß zwar nicht, was das ist, aber ich hoffe, sie nimmt nicht zu viel von den Drogen. Aber der Satz stimmt wirklich! Immer, wenn meine Frau zum Supermarkt fährt, klingelt meine Nachbarin Fräulein Annett. Sie fragt dann immer, ob ich ihr mal helfen kann. Neulich sagte sie, ihr sei ihr linker polanger Latexgummistiefel unter das Bett gefallen. Wahrscheinlich ist sie Anglerin. Als ich unter ihrem Bett lag, traf ich auf ihre beiden Edelkatzen. Siam oder Perser oder irgend so eine Geschmacksrichtung. Daher die Kratzer. Ich verstehe das Gelächter bis heute nicht. Evangelische Erwachsenenbildung kann auch nachdenklich machen.

Danach stand die zweite Übung an. Auf dem Tisch lag jetzt eine Poolnudel. Eine Poolnudel ist aus Moosgummi und erinnert an einen Dildo für Elefanten. Manche sagen, die Poolnudel ist die Rache der Evangelischen Erwachsenbildung an Senioren im Bewegungsbad. Jede Frau sollte nun die Poolnudel nehmen und daraus ein O biegen. Dieses O sollte sie nun an ihr Ohr halten und jeder Mann sollte durch das O in das Ohr seiner Frau die Frage stellen, die er ihr immer schon mal stellen wollte. Ja! Das war meine Chance. Nun konnte ich zurückschlagen, denn nur Frauen können Killerfragen stellen. Wir Männer können so emanzipiert und gegendert sein wie Hulle, aber Killerfragen: Das ist das Gebiet von Frauen.

Sie wissen nicht, was eine Killerfrage ist? Ein Beispiel: Ich komme abends von der Arbeit nach Hause. Im Flur steht meine Frau an der engsten Stelle, sodass ich nicht an ihr vorbei gehen kann, ohne sie zu berühren. Da stellt sie die Killerfrage: »Fällt Dir was an mir auf!« Und schon bin ich verloren. Denn wäre mir etwas aufgefallen, hätte ich es ja schon vorher gesagt. Jetzt, nach der Frage, ist alles vorbei. Ich bin aber höflich und fange an, von oben bis unten etwas Neues an ihr zu entdecken. »Warst Du beim Frisör?«»Nein.«»Hast Du ein neues Makeup?«»Nein.« »Hast Du eine neue Halskette?«»Nein«. Bis ich schließlich unten bin:»Hast Du neue Schuhe?«»Nein.« Und dann schreit sie:»Ich bin doch nackt!« Als Kind habe ich noch gelernt, dass man da nicht so hinguckt. Deshalb hasse ich auch die kirchlichen Bildungsveranstaltungen, bei denen man gleich zu Beginn ein Namensschild bekommt. Meistens ist der Name so klein geschrieben, dass ich ganz nah an die Person herantreten muss. Und wo befestigen Frauen diese Namensschilder? Immer auf die rechte Brust. Und ich muss fünf Zentimeter ran, um das mit meiner Weitsichtigkeit lesen zu können. Andere nennen solch eine Annäherung sexuelle Belästigung, wir nennen das Evangelische Erwachsenenbildung. Zurück zur Übung: Ich frage also meine Frau:»Fällt Dir etwas an mir auf?« Sie hat sofort die Killerfrage erkannt und sich aus Wut derart in die Poolnudel verbissen, dass nicht einmal Frau Krückemeier-Behrens sie in einem Stück wieder raus bekam.

Dann gab es zum Glück Mittagessen. Serviert wurde ein Steckrübenauflauf mit frischem Dinkel und gerösteten Sonnenblumenkernen. Ein Gericht, das in der Evangelischen Akademie Loccum erfunden wurde. Seitdem die Küche in Loccum derart kocht, machen die Zugvögel um Loccum einen großen Bogen, weil sie dort keine Körner mehr finden können. Holger sagte:»Wenn Ihr alle ab heute vegetarisch esst, dann bringt das Eure Körper wieder neu in Form.« Das habe ich ihm sofort geglaubt. Denn wenn meine Frau ab heute vegetarisch kochen würde, dann müsste ich ja dreimal am Tag zur Tankstelle laufen, um mir Mettbrötchen zu holen. Das würde mich wirklich schlanker machen.

Am Nachmittag wurden drei Arbeitsgruppen angeboten: 1. Aromatherapie. Doch da wollte meine Frau nicht hin, weil es Freitag war und bei mir ist immer erst am Samstag Wäschewechsel. 2. Tanztherapie. Hier bekam jede Dame eine Wassermelone in die Hand und die Männer sollten eine Poolnudel über den Kopf halten. Dirty dancing für Protestanten. Aber da meine Frau unsere Poolnudel bereits nachhaltig zerbissen hatte, konnten wir da auch nicht mitmachen. Da blieb nur noch Nr. 3: Tontherapie. Dort saßen wir vor einem Musiker namens Fritz mit seiner Luftgitarre. Er sang einen Ton vor, den wir nachsingen sollten. 30 Minuten lang. Umwerfend. Grandios. Evangelische Erwachsenenbildung kann auch doof sein.

Dann war das Seminar am Ende. Wir bekamen ein Zertifikat mit Stempel und Unterschrift von Holger und Frau Krückemeier-Behrens. Zu Hause wollte ich es gleich im Schlafzimmer aufhängen, doch wir hatten kurz zuvor neu tapeziert. Also habe ich den Schein auf ein Jugendposter meiner Frau (Springende Delphine im Mondschein) getackert. Meine Frau bekam daraufhin Kopfweh und ging zu Bett. Kurz danach klingelte es an der Tür, Fräulein Annett fragte um Hilfe, weil sie gesehen hatte, dass meine Frau schon im Schlafzimmer das Licht ausgeknipst hatte. Heute war ihr rechter polanger Latexgummistiefel unter das Bett gefallen. Selbstverständlich half ich ihr erneut, doch ich habe auch die Lehre vom Eheseminar angebracht: »Ich hole den Stiefel hervor, aber: Die Katzen müssen weg!«

TELEPHONITIS

Die Liebe erträgt alles, sie glaubt alles,
sie hofft alles, sie duldet alles.

1. Korinther 13,7

IM Rückblick kann ich es mir kaum noch vorstellen, aber es ist tatsächlich wahr: Meine ersten 15 Lebensjahre verbrachte ich ohne Telefon. Wir hatten einfach kein Telefon. Wenn ich das heute meinen Kindern erzähle, dann gucken die mich an, wie ich meinen Opa anschaute, als der von der Kesselschlacht zu Tannenberg 14/18 erzählte.

Heute ist es unfassbar. Kein Telefon im Haus. Und alles wegen Oma. Denn Oma sagte im besten Plattdeutsch: »Telefon, dat bruukt wi nich! Telefon, dat bruukt de Polizist, de Oarzt und de Paschtor!« Mein Berufswunsch stand fest. Aber für den Polizisten war ich zu klein und für den Arzt zu doof; da blieb ja nicht mehr viel übrig. Was waren das für Kinderzeiten, als sich die Familie sonntags zum Sonntagsbraten versammelte. Dort wurde besprochen, ob man nicht am Mittwoch einmal bei Tante Elsbeth in Bremerhaven anrufen wolle. Dann wurden Groschen auf der Kredenz im Flur gesammelt. Mittwoch war dann der große Tag. Ich ging mit meiner Mutter zur gelben Telefonzelle, die im Dorf vor Schlachter Soltau stand. Wir gingen nach 18 Uhr, das war billiger. Manchmal musste man sogar anstehen. Über dem Telefonapparat war ein Aufkleber angebracht: FASSE

DICH KURZ. Bis heute ist das die einzige real existierende Flatrate. Dann gingen wir in die Kabine. Mein Kopf reichte nur bis zu den aufklappbaren Telefonbüchern. Mama telefonierte und am Ende bekam ich den letzten Groschen, um selbst mit Tante Elsbeth zu sprechen. Ich empfand das damals wirklich wie ein Wunder. Ein ganz großes Ereignis. Dann war auf einmal der Groschen durch das Schauglas nach unten gerutscht und ein gelbes Schild blinkte am Apparat. Nun hatte ich nur noch 10 Sekunden Zeit. Ich rief »Tschüß, tschüß, tschüß, tschüß, tschüß« – und weg war die Verbindung. Ach, du schöne heile Kinderzeit.

Jahre später starb Oma und wir bekamen ein Telefon ins Haus. Damals konnte man das jedoch nicht einfach in einem Telekommunikationsfachgeschäft kaufen. Nein, das musste man bei der Post beantragen. Bis dann endlich das Telefon kam, dauerte es sechs Monate! Da hat sich bei der Post bis heute nichts geändert! Doch diese Zeit brauchte auch unsere Familie, um sich auf den Empfang eines Fernsprechapparates vorzubereiten. Meine Eltern sind zunächst in ein nahegelegenes Einrichtungshaus gefahren und haben sich ein ovales Telefontischchen gekauft. Darauf passte genau ein Telefon und links und rechts davon zwei Kerzenständer, quasi ein Telefonaltar. Zuhause angekommen, wurde das Tischchen erst mal zur Probe aufgestellt. Als der endgültige Platz gefunden war, sagte Mama zu Papa: »Du, bevor das Gerät kommt, tapezierst Du nochmal den Flur.« Dann war der Moment gekommen. Das Telefon kam ins Haus. Im Grün der 70er Jahre (war 20 Pfennig Grundgebühr teurer als Normalgrau). Allerdings wurde das Telefon nicht einfach nackt hingestellt.

Es bekam zuvor noch ein Samtbrokatkondom übergezogen mit der Begründung:»Damit es nicht so schnell abnützt!« Wenn damals zweimal im Monat das Telefon bei uns klingelte (ich wiederhole: zweimal (!) im Monat (!)), dann stand mein Vater vom Tisch auf und zog sich den Schlips hoch. Dann schritt er zum Apparat, hob den Hörer ab und sagte:»Hier ist Fernsprechteilnehmer 4169.« So war das damals, nicht so wie heute.

Heute werden wir von den Telefonen, Handys und Smartphones nahezu verfolgt. Die Dinger können ja alles: Fotografieren, Filmen, Internet. Mit manchen kann man sogar noch telefonieren. Nur Kaffee kochen geht damit noch nicht. Gerade in meinem Beruf als Pastor bin ich tagtäglich mit dieser neuen Telefoninflation konfrontiert. Bei Taufen muss ich darauf hinweisen, dass in das Taufwasser gefallene Handys nicht von der Versicherung ersetzt werden. Mittlerweile warte ich schon auf meine erste Trauerfeier, bei der es aus dem Sarg piepst:»SMS von vodafone: Ihr Abo ist abgelaufen!«

Aber es kann noch schlimmer kommen und es kam schlimmer. Eines Tages klingelt es an meiner Tür. Ich öffne, ein Herr Mitte 30 wollte seine Trauung anmelden. Er sagte, er habe schon die Hoffnung aufgegeben, die Richtige zu finden, aber dann habe er all seinen Mut und all sein Geld zusammengenommen und eine richtig *dicke* Kontaktanzeige aufgegeben. Und eine eben solche hat er denn auch als Braut bekommen. Das Trauergespräch fand beim Brautpaar zuhause statt. Er saß im Sessel, sie im Dreiersofa. Mit ihr traf ich endlich einmal eine Braut, die sich gründlich auf das Traugespräch vorbereitet hatte. Sie studierte nämlich schon seit Tagen sämtliche Bücher »Die Traumhochzeit« von Linda de Mol. Wir konnten uns daraufhin wunderbar über Serviettenknifftechniken unterhalten. Dann kam der Tag der Trauung. Ich öffnete die Kirchentür und da stand das Paar vor mir. Er: ganz in mausgrau. Sie: eingehüllt in drei Kubikmeter Seide. Man konnte aber noch deutlich erkennen, wo bei ihr Kopf und Füße waren. Damit man aber auch Vorder- und Rückseite unterscheiden konnte, hatte sie über ihrem Po eine riesige Chiffonschleife angebracht. Als ich das sah, musste ich an das Kinderlied denken: »Das Nilpferd Susi Wong / hat hinten 'nen Propeller. / Und wenn sie kräftig pupst, / dreht der sich immer schneller.« Wie soll man da ernst bleiben, wenn man so ein Lied im Kopf hat? Wir gingen dann gemeinsam mit der Hochzeitsgesellschaft in die Kirche. Das Brautpaar setzte sich vor den Altar und ich versuchte, die Predigt ein wenig humorvoll zu gestalten. Auf einmal, mitten in der Predigt, klingelte ganz laut ein Handy inmitten der drei Kubikmeter Seide ... und Susi Wong fing an zu suchen. Nach quälenden Minuten fand sie es schließlich in einem Brautaccessoire, das ich schon oft gesehen hatte, dessen Sinn mir aber bis dato verschlossen geblieben war. An ihrem linken Unterarm war ein Zwirnsfaden befestigt, an dessen Ende ein Säckchen baumelte. Ein Brautsäckchen. Schon immer fragte ich mich, was da wohl drin sein könnte. 20 Cent für die Kollekte oder ein Tempo oder ein Lippenstift? Falsch! Da war das Handy drin. Leider gestaltete es sich schwierig für die Braut, an das Handy zu gelangen, denn das Säckchen war mit dem Zwirnsfaden zugeknotet. Erschwerend kam hinzu, dass sie – passend zum Outfit – weiße, armlange Gummihandschuhe trug, die in keinem Tierarztkoffer fehlen dürfen. Mit solchen Handschuhen kann man unmöglich einen kleinen Knoten lösen. Mit einem finalen Rettungsakt streifte sie sich den rechten Gummihandschuh vom Arm, sodass dieser sich umstülpte und runter hing wie das Euter einer Ökoziege aus Oberbayern. Das war ihr aber egal, denn nun bekam sie endlich den Knoten auf, holte das Handy raus, drückte auf die grüne Taste und sagte in das Gerät: »Wer ist denn da?« In diesem Moment fiel die Brautmutter vor Scham in Ohnmacht und musste notärztlich versorgt werden. Die Braut bemerkte ihre Unhöflichkeit, stellte das Handy aus, steckte es wieder in das Säckchen und versuchte während der Restpredigt, den umgestülpten Gummihandschuh wieder auf die richtige Seite zu prokeln. Leider ist das völlig unmöglich. Also musste sie am Ende quasi halbnackt ihr Ja-Wort geben, und halbnackt hat sie dann mit ihrem Angetrauten die Kirche verlassen. Übrigens: Der Klingelton ihres Handys, der über neun Minuten in voller Lautstärke durch die Kirche piepste, war die Melodie des französischen Schmachtfetzens »Je t'aime«.

Anmerkung: Ich bin einmal gefragt worden, was ich mir bei der Hochzeitsgeschichte selber ausgedacht habe. Gerne gebe ich es zu: Ausgedacht habe ich mir lediglich die ohnmächtige Brautmutter. Alles andere ist wirklich so passiert, aber ich verrate nicht, in welcher Gemeinde solches geschah.

SAM

Tobias sagte: Weine nicht! Unser Sohn wird frisch und gesund hin- und zurückkommen, und deine Augen werden ihn sehen. Denn ich glaube, dass ein guter Engel Gottes ihn geleitet und alles zum Besten lenkt, was ihm begegnet, sodass er in Freuden wieder heimkehren wird. Da schwieg seine Mutter still und gab sich zufrieden. Tobias zog dahin und sein Hündlein lief mit ihm.

Tobit 5,28-6,1

IRGENDWANN kommt jeder einmal auf den Hund. Darauf muss man vorbereitet sein. Das haben schon die alten Griechen gewusst. Da sie aber zur Gewöhnung an Katastrophen noch keine Gottesdienste hatten, haben sie Tragödien geschrieben. Seltsamerweise gaben sie diesen Tragödien immer nur Frauennamen: Medea, Antigone, Iphigenie, Nana Mouskouri. Letztere ist vielleicht einigen Menschen noch bekannt. Sie sang berühmte Arien wie z.b. »Weißblechsärge aus Athen«. Diese namentliche Frauenbevorteilung wollte ich nicht mitmachen. Als ich vor Jahren in Zellerfeld auf den Hund kam, nannte ich ihn »Sam«. Sam ist ein Golden Retriever, ein echter Kampfschmuser. Ein Wachhund, denn manchmal ist er wach.

Natürlich habe ich Sam sofort im Welpenalter zur Hundeschule angemeldet. Denn ein Welpe ist doof wie Toastbrot. Nicht einmal eine Formatierung ist im Hundehirn vorhanden. Unsere Hundeschule war in Goslar. Da residierte Andreas, der Hundeprofi, der pro Semester 12 Welpen samt Herrchen (auch Frauchen) aufnimmt. 30 Euro kostet die Stunde, und diese dauert 45 Minuten. Und in dieser Zeit konnten wir Andreas alles fragen, was wir wissen wollten. Wir fragen aber jedes Mal immer nur nach zwei Themenbereichen: Pinkeln und Kacken. Dann erzählte unser Hundeguru, wie man richtige Erziehung betreibt. Die geht so: Wenn ein Hund zufällig mal sitzt, dann soll man »Sitz!« sagen und ihn loben. Wenn er mal wieder liegt, dann soll man »Platz!« sagen und ihn loben. Und wenn er zufällig mal sein Geschäft macht, dann soll man auch ein Befehlswort aussprechen. Aber welches? Der intelligente Hundebesitzer spricht nämlich nicht vulgär von »Pinkeln und Kacken«. Er sagt: »Der Hund löst sich.« Gesucht wird also das Lösungswort. Ein solches zu finden, hatten wir nun eine Woche Zeit.

Zurück in Zellerfeld freute ich mich schon. Da ein Welpe sich noch nicht »geschäftlich« unter Kontrolle hat, musste ich mir nachts um 1.30 Uhr den Wecker stellen. Der riss mich und ich dann den Hund aus dem Tiefschlaf. Wir wohnten damals im 2. Stock. Also trug ich den Welpen runter, da er sonst im Alter Hüftprobleme bekommt (so wie ich jetzt nach der ewigen Tragerei). Unten lehnte ich dann Sam von links an einen Baum und ich lehnte mich von rechts daneben. Als ich erwachte, war wieder alles geschehen. Ein Häufchen, aber kein Lösungswort. Mist.

Eine Woche später trafen wir uns wieder bei Andreas, dem Hundemessias. Er fragte uns nach unseren individuell empfundenen Worten. Ein älterer Herr sagte: »Mach Pipi.« Naja, darauf wäre ich auch noch gekommen. Ein anderer Herr, früher einmal Rektor auf dem Humanistischen Gymnasium, sagte: »Mach Kaka.« (Vom altgriechischen Wort *kakos*, dt. arg, schlecht.) Aber Sam spricht kein Altgriechisch. Eine Rentnerin saß da mit ihrem Terrier Emily. Ich hätte den Hund nicht Emily, sondern Pershing II genannt. Denn jedes Mal, wenn Emily einen anderen Hund sah, zog sie ihr Frauchen waagerecht in der Luft hinter sich her. Für Emily hatte sie auch schon ein Lösungswort gefunden:»Mach Pfützi!« Also, wenn ich Hund wäre, und mein Frauchen würde bei meinem Geschäft»Mach Pfützi« sagen, dann würde ich sie beim Ordungsamt abmelden. »Uuuuund«, fragte mich nun Andreas,»wie heißt Euer Lösungswort?« Tja, wir hatten ja noch keines.»Uih«, sagte er da,»dann müsst Ihr Euch mehr anstrengen. Noch eine Woche – und Sam wird zum Sorgenstruller. Quasi zum Psychopinkler.«

Unter diesem Druck fuhren wir also zurück nach Zellerfeld. 2. Stock. Nachts um 1.30 Uhr aus dem Schlaf gerissen, trug ich Sam nach unten. Doch diesmal lehnte ich ihn nicht an den Baum, sondern setzte ihn aufrecht daneben. Und wartete. Dabei guckte ich die Straße rauf und runter. Es ist schon erstaunlich, wer nachts um 1.30 Uhr aus den Häusern rauskommt. Viele Männer, die da gar nicht wohnen! Jetzt weiß ich aber, warum Welpenbesitzer und Pastoren unter Schweigepflicht stehen. Da ich nun nicht der Spanner vom Oberharz werden wollte, ging ich mit Sam eine kleine Runde. Schützenstraße, Bornhardstraße, Treuerstraße, Bäckerstraße. Irgendwann blieben wir erschöpft stehen. Hinter uns: ein Haus mit geöffnetem Fenster. Wohl das Schlafzimmerfenster. Denn daraus schallte auf einmal der Ruf einer erschöpften Frau:»Mach schnell.«

Und Sam machte.

Seitdem bin ich der einzige Hundebesitzer in Norddeutschland, der mit seinem Hund spazieren geht und gelegentlich ruft:»Mach schnell.« Was lernen wir daraus? Wenn nachts um 1.30 Uhr eine Frau im Schlafzimmer ruft:»Mach schnell«, kann das für Männer und Rüden nur eine Erlösung sein.

GUTSCHEINE

*Nun aber ist ohne Zutun des Gesetzes die Gerechtig-
keit, die vor Gott gilt, offenbart, bezeugt durch das Gesetz
und die Propheten.*

Römer 3,21

LEIDER sind Geschenke nicht nur an Weihnachten fällig. Da sind ja noch die Geburtstage der Verwandtschaft, der Bekanntschaft und der Nachbarschaft. Das macht mir echt zu schaffen. Jede Woche, die der liebe Gott lässt werden, hat wieder jemand einen Geburtstag: rund, halbrund und einfach. Die übliche Palette der Präsente habe ich schon seit Jahren abgearbeitet: eine Flasche Wein, eine Schachtel Pralinen, Blumenstrauß für 10 Euro, Kinogutschein, irgendein Hörbuch vom ALDI-Grabbeltisch, extra jungfräuliches Olivenöl aus Kreta, ein Döschen Salz von der Spitze des Himalaya (10 Millionen Jahre alt, aber immerhin noch 6 Monate haltbar). Nun bin ich mit meinem Geschenke-Latein am Ende. Dann sah ich beim Sommerbummel in der Fußgängerzone die Lösung. Ich werde demnächst Gutscheine verschenken, die ganz persönlich vom Beschenkten gestaltet werden können und ihm – im wahrsten Sinne des Wortes – unter die Haut gehen. Ich verschenke Gutscheine für ein Tattoo.

Früher, vor 100 Jahren, waren Tätowierungen den Menschen vorbehalten, die sie sich verdient hatten: Handwerksmeister und Offiziere. Heute hat sie jeder Hans und

Franz und jede Babs und Ruth. Vor ca. 20 Jahren kam dieser Trend auf. Jeder und besonders jede wollte ein Tattoo haben. Manche junge Frauen, die damals 20 Jahre alt waren, haben sich eine Tätowierung über dem Steißbein stechen lassen. Doch heute sind die Damen bereits 40 Jahre alt und aus dem Arschgeweih ist mittlerweile eine Popo-Krawatte geworden. Mit der Zeit haben sich die Motive allerdings verändert. Beim Gang durch die Stadt sieht man auf Schultern, Nacken, Busen und Schenkeln überall Sonnen und Blumen und Sonnenblumen, Tribals sowie chinesische Schriftzeichen. Da die Tätowierten aber nicht Sinologie studiert haben, glaubt jeder dem Tattoo-Stecher, was das denn bedeuten soll. Der Stecher muss also nur *ein* Schriftzeichen einritzen können. Dann denkt er sich einfach eine neue Bedeutung dafür aus. Kann ja sowieso keiner nachprüfen. Ich frage im Café gerne einmal:»Gnädige Frau, was bedeutet denn das, was Sie da auf der rechten Brust tragen?« Als Antwort (wie gesagt: für dasselbe Zeichen) habe ich bisher gehört: Trost. Kraft. Glück. Bauer (das war eine Sächsin auf Rügen). Am besten war die Antwort:»Das ist der Kosename meines Freundes auf Chinesisch.« –»Und wie lautet der?« –»Schnäutzelchen.«

Meine Tattoo-Gutscheine habe ich deshalb präzisiert. Ich verschenke nur Gutscheine für ein kleines Glaubenstattoo. Das kann ein Kreuz sein, ein Stern oder ein Halbmond. Ganz nach Religionswahl. Konfessionell ginge auch das päpstliche Siegel oder eine Lutherrose. Obwohl – die richtig kernigen Protestanten, besonders die Reformierten, mögen nicht so gerne eine bildliche Darstellung. Schließlich ist ja die evangelische Kirche die Kirche des Wortes.

Also kann man sich auch einen Text als Botschaft einritzen lassen. Man kann sich gar nicht vorstellen, was das bewirken kann. Ein Beispiel: Ich erwache nach einer durchzechten Nacht und entdecke auf der linken Pobacke meiner neuen Freundin die biblische Verweisstelle »Sprüche Kapitel 20, Vers 1«. So schnell war ich noch nie aus dem Bett gesprungen, habe die Bibel gesucht, die Stelle aufgeschlagen und gestaunt. Oder ich erwache am Morgen und entdecke auf der linken Pobacke meiner ganz neuen Freundin die Angabe »Römerbrief 3,21«. Da muss ich nicht aus dem Bett springen, denn jeder Christenmensch weiß ja, was da steht. Paulus hat im Römerbrief bis zu dieser Stelle nur allgemein Bekanntes geschrieben, aber Kapitel 3, Vers 1: Da steht »Nun aber«. Und dann kommt die ganze neue Theologie des Paulus. Die ganze neue Theologie des Paulus am Arsch. Glaubenstattoos sind die neue Form der religiösen Erweckung.

Nun soll es aber Menschen geben, die Tätowierungen etwas fremd gegenüber stehen. Teils, weil es ja weh tut, wenn sie gestochen werden; teils, weil es weh tut, wenn man sich den Blödsinn ansehen muss; teils, weil es weh tut, wenn man merkt, dass man diesen Knutschfleck der Dummheit nie wieder weg bekommt. Für diese Leute habe ich noch einen zweiten Gutschein-Tipp. Verschenken Sie einen Gutschein für ein Navigationssystem des Glaubens. Das kann man sich umsonst auf der Heimatseite der Landeskirche im Internet runterholen. Das Navi heißt »Credo 2.0«. Ohne Probleme kann es sich jeder auf sein Smartphone laden. Man benötigt nur fünf Minuten, um es für sich zu personalisieren. Zunächst muss man seinen

Namen, seinen Geburtstag, sein Einkommen und seinen Wohnort eingeben. Dann macht es »Ping« und man sieht sofort, zu welcher Kirchengemeinde man gehört. Dazu das Bild des zuständigen Pastoren oder der Pastorin. Bei ganzer Stelle: ganzes Bild, bei halber Stelle: halbes Bild. Das ist praktisch und gemeindeorientiert. Dann macht es erneut »Ping« und man sieht die Veranstaltungen der Gemeinde in der kommenden Woche: wann sich der Häkelkreis trifft oder die Krümelmonster-Kindergruppe oder der Sitztanzkreis. Nun muss man nur noch die Feinjustierung vornehmen. Das geschieht, indem man auf drei Fragen mittels einer Skala (von 1 bis 10) antwortet. Erste Frage: Wie fromm sind Sie? (1 = gar nicht; 10 = ganz ganz doll.) Zweite Frage: Wie kirchlich sind Sie? (1 = wenn's sein muss; 10 = immer wieder sonntags.) Dritte Frage: Wie sehr leitet Sie Ihr Gewissen? (1 = niemals; 10 = jede Sekunde seit meiner Geburt.) Nun ist das Navi des Glaubens scharfgestellt. Man hat es jederzeit auf dem Handy dabei und in schwierigen Situationen kann man es befragen. Beispiel: Ein Mensch kann sich nicht entscheiden, in welchen Gottesdienst er am Heiligabend gehen soll. Er gibt die Frage ein. Es macht »Ping« und er liest (nach Auswertung der eingegebenen Daten): DIE METTE UM 23 UHR. Da ist die Musik am schönsten, die Predigt am kürzesten und die Kirche am wärmsten. Dann macht es nochmals »Ping« und er liest »EIN EURO 50 CENT«. Das ist nach der Auswertung der Gehalts- und der Kirchlichkeitsangabe die korrekte Summe für die Kollekte. Was für eine Hilfe! Keiner muss mehr vor dem offenen Klingelbeutel minutenlang überlegen, wie viel er geben soll. Ein anderes Beispiel: Ein Mann sitzt auf Dienstreise abends noch in einem Bistro. Eine ihm fremde, gutaussehende Frau fragt, ob sie sich neben ihn auf den freien Stuhl setzen darf. Er sagt ja. Sie lächelt ihn an. Einmal, zweimal, dreimal. Was soll er nun tun? Er nimmt sein Glaubens-Navi und tippt die Situation ein. Es macht »Ping« und er liest die Frage: BITTE EINGEBEN. IST DIE FRAU a)VERHEIRATET b)LEDIG c)WEISS ICH NICHT. Er tippt c) ein. »Ping«: IST SIE WILLIG? a) JA b)NEIN c) WEISS ICH NICHT. Jetzt hängt die Antwort vom Navi davon ab, wie man den Gewissensstand eingegeben hat. Hat man ihn auf Level 10 gestellt, dann erscheint mit Vibrationsalarm in roter Schrift auf dem Display der Text vom sechsten Gebot. Dazu hört man als Audio-File die Stimme vom Landesbischof, die da sagt: »Ruf mich an.« Hat man aber seinen Gewissensmaßstab auf 1 gestellt, dann bekommt man vom Navi in grüner Schrift die Botschaft übermittelt: NUN ABER.

AUSSTERBENDE WORTE

*Und nach einer kleinen Weile traten hinzu, die da
standen, und sprachen zu Petrus: Wahrhaftig, du bist
auch einer von denen, denn deine Sprache verrät dich.*

Matthäus 26,73

IN Deutschland gibt es unzählige Vereine und Gesellschaften. Nur in England – so sagte man mir – gäbe es noch mehr. Aber diejenigen, die wir hier vor Ort haben, reichen mir schon. Darunter gibt es sogar Weltberühmtheiten wie zum Beispiel die »Deutsche Gesellschaft zur Rettung Schiffbrüchiger«. Leider weht dieser Gesellschaft aufgrund der Flüchtlingsproblematik ein politischer Gegenwind entgegen, der auf eine Namensänderung besteht. Künftig soll sie sich »Deutsche Gesellschaft zur Rettung deutscher Schiffbrüchiger« nennen. Wie sagte schon der alte Cicero: O tempora, o mores. O, was für Zeiten, o, was für Sitten.

Neulich entdeckte ich eine neue Gesellschaft. Sie nennt sich »Gesellschaft zur Rettung der deutschen Sprache«. Keine Angst. Diese kämpft nicht gegen den Einfluss des Englischen in unseren Sprachschatz. Sie kämpft stattdessen um den Erhalt von alten deutschen Worten. Sie erinnert an Worte, die immer weniger benutzt werden und darum im Morast des Vergessens versinken. Aus dem Munde, aus dem Sinn. Das geht schneller, als man spricht. Die neue Sprachrettungsgesellschaft stellt jährlich eine Rote Liste auf von den Worten, die akut vom Aussterben bedroht sind. Auf der Liste von diesem Jahr stehen folgende Worte: Lichtspielhaus, Dreikäsehoch, Kleinod, Habseligkeiten. Zwei Worte stehen schon kurz vor dem Exitus. Das eine lautet »Schlüpfer«. In der Tat, der deutsche Schlüpfer stirbt aus. Ich erinnere mich noch, wie in meiner Kinderzeit Oma ihre Schinkenwärmer auf die lange Wäscheleine hängte. Ich hatte das Gefühl, der Himmel hinge voller Schlüpfer. Aber, so leid es mir tut, der Schlüpfer stirbt aus. Wenn man heutzutage in einem großen Kaufhaus in der Textilabteilung nach einem Schlüpfer fragt, dann kann es passieren, dass man in die Technikabteilung geschickt wird.

Bereits verendet ist dagegen der Begriff »Sendeschluss«. Ich kann mit diesem Wort noch Erinnerungen und Gefühle verbinden. Wie schön war es zu wissen: Auch das Fernsehen hält jetzt Nachtruhe. Alles, was es noch zu sehen gab, war das »Testbild«, dazu hörte man einen hohen Piepton. Wenn Mama dieses Geräusch nachts im Bett hörte, dann wusste sie, dass Papa nach dem Western »Cat Ballou – Hängen sollst du in Wyoming« endgültig eingeschlafen war. Heute ist ein Sendeschluss undenkbar. Er kommt einfach nicht mehr vor. Und schon ist das Wort von uns gegangen.

Das sollte kirchlich angestellte und christlich berührte Menschen aufmerken lassen. Auch die Kirche ist mit ihrem Wortschatz in höchster Gefahr. Wie viele Worte verwenden wir bei Kirchens, zu denen modernen und aufgeklärten Menschen jeglicher Erfahrungsbezug fehlt?

Es ist wie beim Sendeschluss. Ohne dazugehöriges Gefühl oder Bewusstsein stirbt jedes Wort. Wer weiß noch, was »Gerechtigkeit« ist? Oder »Frieden«? Von »Versöhnung«, »Vergebung« und »Nicaeno-Constantinopolitanum« ganz zu schweigen. Sogar komplexe Ausdrücke verschwinden. Wer kennt noch den »Konziliaren Prozess« oder die »Heterotopien kirchlich verdichteten Lebens«? Wunderbare Worte voller Inhalt und Anmut. Jedes für sich ein Anlass zur Erfindung einer neuen Gestalteten Mitte.

Wie kann man nun dieser Gefahr begegnen? Mit Öffentlichkeitsarbeit. Kirche benötigt den Mut, ihre alten Worte aufrechtzuerhalten, indem sie diese einfach wieder unter das Volk bringt. Am besten bei Talkshows im Fernsehen oder Interviews in Zeitungen. Immer raus mit der Sprache. Immer ran an den Mann. Wer nicht wirbt, der stirbt. Wie das gelingen kann, entnahm ich kürzlich einem Rundfunkinterview im Deutschlandfunk (wieder so ein altes Wort aus der Vorkriegszeit). Bei diesem Interview wurde ein Kirchenvertreter von einem Journalisten richtig in die Mangel genommen, aber am Ende – lesen Sie selbst – hat sich der kirchliche Armleuchter nicht die Butter vom Brot nehmen lassen:

Reporter: Ich begrüße Sie herzlich, liebe Zuhörer. Wir wollen heute der Frage nachgehen, warum viele kirchenleitende Persönlichkeiten unverständlich reden. Dazu habe ich einen kompetenten Gesprächspartner bei mir im Studio. Ich begrüße Herrn Oberlandeskirchenratsaufsichtslandessuperintendent Dr. Rigobert Lallmann, den ich auch gleich fragen möchte: Reden Sie undeutlich?

Lallmann: Ich muss diesen Ihren Maulwurf zur Fremdnis nehmen; darf aber bleichzeitig darauf hingreisen, dass unsere Fraktur schon seit jemine darauf hingegriesen hat, den Verbrauch der deutschen Kirchenrache auf ein Minidum zu reklamieren.

Reporter: Ich höre schon, wir sind mitten im Thema angekommen. Meinen Sie nicht, dass unverständliches Reden die Leute verschreckt.

Lallmann: Das muss ich ganz verschieden bezwiebeln. Wie oder wen wir ausdrücken, steht hier doch überhaupt nicht zur Fregatte. Ich zittere dazu nur unseren kalten Landesbahnhof: »Ist das Rind erst in den Brunnen gefohlen, haben wir Matthäi zappenduster!«

Reporter: Ok, Matthäus hin, den Landesbischof her. Aber wenn man nicht einmal mehr den Sinn wahrnehmen kann, dann geht doch kein Mensch mehr freiwillig in die Kirche.

Lallmann: Das nähen Sie dollkommen gichtig. Auch ich sage immer lieder: Die Würger draußen im Lande haben ein Brecht auf Verklärung. Sie hießen sehr kohl, wer die Hunde erschlagen hat. Kein Tag zergeht, wo wir nicht mit klaren Worten darauf hingreisen, dass nur eine Kirchenbullitik der Quärke uns vor dem Linksradikalismus einer radikalen Minderheit befahren kann.

Reporter: Herr Lallmann. Mir geht es jetzt wie Kerner vor Eva Herrmann. Wenn Sie nicht gleich vernünftig antworten, breche ich das Interview ab. Sie haben ja keinerlei Gefühl mehr für gelingende Kommunikation.

Lallmann: Das kann ich so nicht sitzenklassen. Ich ergähne in diesem Zusammenzwang sogar die Legierungsverklärung von Bundesstanzlerin Ferkel, die in jener Pflege zur Plage der Station eindeutig Stallung bezug, wo die Hose im Pfeffer lügt. Ich stoß desweiteren verreisen auf die Innereinen, die der Hamburger Prost Kruse fürzlich vor dem Kicherheitsschrat der Verweinten Nationen gelacht hat: Reinlichkeit und Brecht und Freistoß sind des Glückes Unterbodenschutz. Und nun kommen Sie und wollen aus jedem Telefanten eine Macke machen? Mal ganz unter ans: mir mehlt jeder Geständnis, warum Sie mich nicht unterstehen mögen.

Reporter: Ja, ich muss zukleben, dass in Ihren Torten etwas drin ist. Da erlöffeln sich bei ein wenig Nachtunken plötzloch neue Perversionen.

Lallmann: Nähen Sie! Im Grande gelöffelt brechen wir alle die gelbe Brahe.

Reporter: Je mehr ich es mir überklebe, um so mehr bricht für Ihre Theke. Knallfalls vielen Schrank für Ihr Gesäg, Herr Lallmann. Auf Niedermähen.

Lallmann: Tunke Rückfalls: Auf Niedermähen.

AUFGEWACHT

Und nach zwei Jahren hatte der Pharao einen Traum, er stünde am Nil und sähe aus dem Wasser steigen sieben schöne, fette Kühe; die gingen auf der Weide im Grase. Nach diesen sah er andere sieben Kühe aus dem Wasser aufsteigen; die waren hässlich und mager und traten neben die Kühe am Ufer des Nils. Und die hässlichen und mageren fraßen die sieben schönen, fetten Kühe. Da erwachte der Pharao. Und er schlief wieder ein, und ihm träumte abermals, und er sah, dass sieben Ähren aus einem Halm wuchsen, voll und dick. Danach sah er sieben dünne Ähren aufgehen, die waren vom Ostwind versengt. Und die sieben mageren Ähren verschlangen die sieben dicken und vollen Ähren. Da erwachte der Pharao und merkte, dass es ein Traum war.

1. Mose 41,1-7

JEDER Mensch hat ein Hobby. Manche sammeln Brief-
marken, andere fahren Fahrrad, wieder andere heiraten.
Ich habe auch ein Hobby: Ich schlafe gern. Natürlich schläft
jeder Mensch, aber ich schlafe gerne im vollen Bewusstsein: Schlafen ist schön. Meinen Lieblingspyjama habe ich
noch aus den 70er Jahren. Er ist aus Frottee, orange-braun,
mit langen Bündchen. Bis heute ist an ihm alles tadellos,
nichts ist ausgeleiert. Auf dem Pyjama ist ein Hase abgebil-
det. In jeder Nacht kann ich so wieder zum Kind werden.
Während meine Frau zum Einschlafen noch ein paar Kri-
mibücher liest, lege ich mich ruhig hin (die Hände auf der
Decke) und schlafe ein.

Soweit, so gut. Aber neulich ist etwas Mysteriöses passiert. Ich öffne die Augen und sehe auf die Uhrzeit, die
mein Tchibo-Wecker an die Zimmerdecke strahlt. Es ist
3.00 Uhr. Und ich bin hellwach! Das ist mir noch nie passiert. Was soll ich nun tun? Ich wechsle die Schlafposition
und drehe mich nach links. So spüre ich auf einmal ganz
deutlich mein Herz. Kaum zu glauben: Mein Herz schlägt
unrund. Es eiert. Es ist nicht genau im Takt. Ich brauche
dringend einen Arzttermin. Ich drehe mich auf rechts und

spüre: Da, wo meine Leber ist, fühlt es sich ziemlich hart an. Ich brauche sehr dringend einen Arzttermin. Ich lege mich bäuchlings hin, aber dann kriege ich keine Luft mehr. Also alles zurück auf Anfang. Rückenlage.

»Denk nicht nur an dich«, denke ich. Also denke ich an meine Frau. An sie muss ich eigentlich nicht denken, denn ich höre sie. Unüberhörbar. Der Mensch ist nachts eine komplette Lärmmaschine. Alle reden nur vom Schnarchen beim Einschlafen. Aber das ist lediglich der Anfang. Meine Frau gluckert und blubbert des Nachts von oben bis unten. Alle Ventile und Drüsen sind offen. Wie eine alte Kaffeemaschine. Es zischt, es pfeift, es gurgelt in einem fort. Wer kann dabei einschlafen?

Da fällt mir der Rat meiner Großmutter ein. »Junge«, hat sie gesagt, »wenn Du nicht einschlafen kannst, dann habe ich vier Ratschläge für Dich.«

Erster Ratschlag: »Denk an nichts!« Aber wie sieht das Nichts aus? Schwarz oder weiß? Auf keinen Fall weiß. Denn dann müsste ja im Dunkel eine Lichtquelle sein, und dann würde mitten im Nichts ein Es existieren, und das Nichts wäre kein Nichts mehr, sondern ein Sein. Hilfe! Das ist die Tranzendentalphilosophie von Immanuel Kant, nachts um Drei in meinem Bett.

Der zweite Rat: »Denk an was Schönes!« Da fallen mir meine Kinder ein. Christopher studiert in Göttingen Theologie (ich konnte es nicht verhindern); Sebastian studiert auch in Göttingen, doch er fand den Weg zur Musikwissenschaft und Philosophie; meine Tochter Alexandra studiert in Magdeburg Psychologie, aber, ach du lieber Himmel, der muss ich noch die Studiengebühren überweisen.

Apropos Studiengebühren: In Niedersachen zahlte ich bis vor kurzem pro Sohn in Göttingen 700 Euro, also 1400 Euro pro Semester, im Jahr also 2800 Euro: Und dann erzählen einem die Politiker, dass die Bildung nicht vom Geld der Eltern abhängt. Da kriege ich so einen Hals! Nachts um Drei in meinem Bett.

Ratschlag Nr. 3: Schäfchen zählen! Ich gebe es zu: Schäfchen zählen ist so langweilig, da könnte ich glatt einschlafen. Die Schäfchen gehen in meiner Phantasie über eine Wiese. Damit es etwas spannender wird, habe ich einen Holzzaun vorbereitet. Den kennen sie schon und lachen mich aus. Also habe ich über den Zaun im Traum ein unsichtbares Fliegenelektrogitter gespannt. Haha, da steht die Wolle aber ab wie rohe Spaghetti. Doch einschlafen kann ich immer noch nicht. Nun, denke ich mir, ich bin ja auch ein Hirte, lateinisch: ein Pastor. Also stelle ich mir drei Gemeindeschäfchen vor. Frau Müller, Frau Meier und Frau Schulze. Die schieben mit ihren Rollatoren über die Wiese zum Zaun. Als sie darüber klettern wollen, fällt mir ein, dass ich das unsichtbare Fliegenelektrogitter noch nicht abgebaut habe. Nun sehen die Frisuren der Damen aus wie die von Marge Simpson.

Ratschlag Nr. 4: Aufstehen, in die Küche gehen, ein Glas kaltes Leitungswasser in drei Schlucken trinken! Nicht zwei, nicht vier. Es müssen drei Schlucke sein, sonst hilft dieser alte plattdeutsche, protestantische Aberglaube nicht. Ich stehe also auf und auf dem Weg zur Schlafzimmertür trete ich mit dem linken Barfuß in die Reißzwecke, die ich schon seit einer Woche gesucht habe. Schreien darf ich nicht, sonst wacht die geehelichte Geräuschmaschine auf. Also hüpfe ich mit dem rechten Bein zur Treppe, die mich nach unten zur Küche führen soll. Kurz vor der Treppe trete ich auf den Lego-Stein, den unsere Nichte Nike Viktoria dort mit Absicht platziert hat. Sind Sie schon mal in der dunklen Nacht barfuß in einen Lego-Stein getreten? Nach der Genfer Konvention für Kriegsgefangene ist das verboten! Also nehme ich nun auch den rechten Fuß hoch und versuche, den Fremdkörper aus meinem anderen Fuß herauszuprokeln. Doch das Gesetz der Schwerkraft gilt auch für mich. Ich falle auf den Hintern, also auf die erste Stufe der Treppe, und rattere dann hemmungslos nach unten. Ich lande neben unserem Hund Sam, der in seiner Muffelmulde döst und nicht einmal ein Auge für mich öffnet. Am Ende meiner Schwerkraft rappele ich mich auf und krieche auf allen Vieren (was meinen Hund auch nicht interessiert) in die Küche. An der Spüle ziehe ich mich hoch, lasse Wasser in ein Glas und versuche zu trinken. Doch von hinten höre ich eine Stimme und jemand berührt mich und schüttelt mich. In meinem Pyjama stellen sich alle Härchen auf und ich sehe in meinem Pyjama aus wie ein Igel im Hasenpelz. Ich öffne die Augen und über mir sehe ich meine Frau, die mir zuruft:»Wach endlich auf, es ist spät, raus aus dem Bett!« Ich muss also eingeschlafen sein. Wahrscheinlich beim Schäfchen zählen. Deshalb stelle ich mir heute Nacht um 3.00 Uhr den Wecker. Dann finde ich heraus, welches Schäfchen das Schuldige gewesen ist. Und falls Sie heute Nacht aufwachen: Bitte denken Sie an Nichts. Am besten in Schwarz.

AUTOMAT

Niemand sage, wenn er versucht wird, dass er von Gott versucht werde. Denn Gott kann nicht versucht werden zum Bösen, und er selbst versucht niemand. Sondern ein jeder, der versucht wird, wird von seinen eigenen Begierden gereizt und gelockt.

Jakobus 1,13-14

1961 wurde ich geboren. Meine Kindheit und Jugendzeit erlebte ich in Jesteburg. Der Ort gilt als »die Perle der Nordheide«. Leider hat man vergessen, wo die Perle vergraben ist. Meine Eltern lebten mit meinen Großeltern in einem schönen alten Niedersachsenhaus mit großem Obst- und Gemüsegarten. In der Straße davor, im Seevekamp, lernte ich die ganze Welt kennen, nachdem das mit dem Fahrrad und den Stützrädern einigermaßen klappte. Da war Brenners Bur (der Bauernhof), die Gärtnerei Sander, die Wäscherei Hoyer, Schuster Vieth, bei dem es immer so herrlich nach Leder roch, Tischlerei Hansen und am Ende der Straße wohnten Tante Gisela und Onkel Walter mit ihren drei Kindern.

Der wichtigste Platz meiner Kindheit war die Küche. Eine große Wohnküche, in der Oma noch am echten Kohlenherd kochte und Opa unter dem Fenster einen Extratisch hatte zum Zeitung lesen, Reparieren von irgendwelchen Dingen und einen Ort für sein zweites Frühstück mit Becks-Bier und Schinkenspeck. Eine gute Stube hatten wir auch, doch da ging man höchstens rein, wenn Weihnachten war. Das Leben an sich fand in der Küche statt.

Während ich auf der Kohlenkiste saß, sah ich Oma beim Kochen zu. Und ich hörte ihr zu. Denn sie konnte wunderbar bei der Küchenarbeit erzählen. Geschichten von Moses hörte ich beim Kartoffelschälen; Geschichten von Jesus beim Steckrübenkochen (für mich gab es ein Schweineschwänzchen obenauf); Märchen von den Gebrüdern Grimm erzählte sie beim Abwaschen (auf dem Tisch in zwei großen Wannen). Dann und wann erzählte sie auch Dinge aus der Jesteburger Geschichte. Wie das früher in der »schlimmen Zeit« gewesen ist und warum eine Nachbarin bis heute nicht mehr mit uns redet, nur weil Opa 1941 sagte, der Krieg sei jetzt schon verloren.

Besonders interessant war für mich ihre Erzählung, wie aus dem Heide- und Bauerndorf ein moderner Ort geworden ist. Laut Oma passierte das im April 1945. Damals kam »der Tommy« nach Jesteburg, und ich dachte, das wäre nur einer gewesen. Aber offenbar hatte der Tommy noch ein paar Kumpels dabei, die überall im Dorf mit ihren Panzern Camping machten und ihre Wünsche gleich mitgebracht hatten. So passierte es, dass Ende '45 der erste Automat in unser Dörfchen kam. Dafür holte man von Hans Koch den Pferdewagen, auf den dann der Zigarettenautomat gestellt wurde und in Form einer Prozession, blumenbekränzt, durch die Straßen gefahren wurde. Der vom Krieg übriggebliebene Rest der Blaskapelle ging vorweg und die Schulkinder liefen jubelnd hinterher. So konnte Jesteburg damals Ingenieurskunst feiern! Ein Zigarettenautomat war wie ein Wunder und das Rauchen galt noch lange nicht als tödlich.

Dann dauerte es 20 weitere Jahre, bis der zweite Automat nach Jesteburg kam. Mitte der 60er Jahre war die Zeit der Beatles. Kaugummis waren angesagt. Also wurde ein Kaugummiautomat angeschafft: eine rechteckige Blechschachtel mit Plastikschaufenstern. Für einen Groschen konnte man an einem Hebel drehen und schon klickerten die Kaugummikugeln in eine Öffnung. Eigentlich wollten wir Kinder gar nicht die Kugeln. Die Jungs wollten immer den Flummy haben, einen kleinen Hoppsball, der zwischen den Kugeln lag. Und die Mädchen träumten vom rosa Ring. Ich bekam immer den rosa Ring. Auch dieser Automat wurde auf Hans Koch sein Pferdewagen (Jesteburger Genitiv) gestellt und mit einer Musik- und Kinderprozession durch das Dorf kutschiert, bevor man ihn am Dorfkrug von Karl Schmidt anbohrte. Danach war wieder für 20 Jahre Ruhe.

Mitte der 80er, das hat Oma aber nicht mehr erlebt, kam ein dritter Automat nach Jesteburg. Der kam allerdings mitten in der Nacht. Für den wurde nicht Hans Koch sein Pferdewagen geholt; die Blaskapelle spielte nicht und erst recht waren keine Kinder dabei. Damals war ich schon Student und habe mir über dieses seltsame Ding nach langen Stunden der Beobachtung meine Gedanken und mein erstes Kabarettlied gemacht.

In unserm Dorf ein Automat, der hängt da an der Wand.
Da geh'n des Nachts die Männer hin mit Kleingeld in der Hand.
Und unser Klaus, der Dorffrisör, der hat ihn aufgestellt.
Sein Hauptverdienst heißt »Kundendienst« und Jesteburger Geld.

Und ich, ich wohne nebenan in einem Reihenhaus.
Und stelle nach der Tagesschau schnell meinen Fernseher aus.
Und mit dem Fernglas in der Hand schau ich so gerne
  her:
zum Automat und seinem großen Kundendienstverkehr.

Da geht man nicht so einfach hin wie beim Zigaretten
  hol'n.
Das hab' ich jetzt schon mitgekriegt: die gucken meist
  verstohl'n.
Und alles, was mir sonst auffällt, das schreib' ich alles
  auf.
So langsam nimmt mein Doktorwerk schon etwas Form
  und Lauf.

Vorgestern, da kam ein Mann (es war schon kurz nach
  Acht).
Der fuhr mit seinem Auto ran. Kein Licht, kein Lärm,
  nur Nacht.
Die Hausschuh' schlurften über'n Teer. Bloß schnell!
  Nur keinen Halt!
Der Bademantel weht im Wind, dabei wird's so leicht
  kalt.

Gestern Nacht: Ein junger Mann kam mit dem Fahrrad
  an.
Er schnaufte schon, bevor die Suche nach dem Geld be-
  gann.
Er suchte hin, er suchte her und ärgerte sich schlapp.
Ich wette, der gewöhnt sich jetzt bald das Rauchen ab.

Und heute Nacht kam Opa Karl, im Dorf ein bekannter
Mann.
Wie schade nur, dass er des Nachts nicht mehr gut se-
hen kann.
So geht er denn zum Automat, das ist ein Haus zu weit.
Und glaubt, er zieht sich Kaugummi. Das tut mir aber
leid.
Da kam auch mal der Kassenwart von dem Schützen-
verein.
Der warf für 130 Mark Münzen dort hinein.
Zunächst habe ich nur gestaunt, dann hab' ich es erfasst.
Demnächst ist wieder Schützenfest. Er kauft 'nen Klas-
sensatz.

Und eines Nachts, da kam sogar die hohe Geistlichkeit.
Der Pastor kam und guckte:»Keiner sieht mich weit
und breit!«
Er öffnete sein Portemonnaie, holt raus ein rundes Stück.
Und klebt es an den Automat, drauf steht: JESUS, MEIN
GLÜCK.

So sehe ich zum Automat und lerne von den Leut'.
Das ist Tiefenpsychologie, so nennt man sowas heut.
Oh, lang leb' unser Jesteburg und meine Wissenschaft.
Und unser'n Klaus sein Automat, der uns solch' Freud
gebracht.

MITLEIDSKRISE

Aber der HERR sprach zu Samuel: Sieh nicht an sein Aussehen und seinen hohen Wuchs; ich habe ihn verworfen. Denn nicht sieht der HERR auf das, worauf ein Mensch sieht. Ein Mensch sieht, was vor Augen ist; der HERR aber sieht das Herz an.

1. Samuel 16,7

FRÜHER glaubten die Menschen an Gott. Heute glauben sie an die Statistik. Denn die hat immer recht. Ob sie evangelisch sind oder katholisch oder gar nichts. Die Statistik gilt für alle. Wussten Sie schon, dass Sie ein Siebtel Ihres Lebens an Sonntagen verbringen? Das stimmt und ist für alle gültig. Ob Sie Christ, Moslem oder gar nichts sind. Neulich las ich in der Zeitung wieder eine statistische Meldung: »Der deutsche Mann verbringt morgens im Bad 20 Minuten.« Ich frage mich: Was macht er da so lange? Für mich habe ich das mal ausgerechnet: Zähneputzen 2 Minuten, Rasieren 2 Minuten, Gesicht waschen 1 Minute, Haare kämmen 10 Sekunden, Toilettengang (je nach deutscher Romanlage) 2 Minuten. Selbst wenn ich das wöchentliche Duschbad am Samstag dazurechne (3 Minuten), komme ich nicht auf 20 Minuten morgens im Bad. Wie gelangt man zu dieser Zeitspanne? Also habe ich den Artikel weiter gelesen und gelernt. Der Mann ist das Wesen, das die meisten physischen und psychologischen Wechsel im Laufe des Lebens durchmacht.

Kaum ist der Mann geboren, bekommt er eine blaue Schultüte und wird eingeschult. Da steht er dann dumm auf dem Schulhof rum und sieht, wie sich die älteren Schüler unterhalten. »Oweia, bald steht uns eine große Veränderung bevor. Die Pubertät!« Pubertät. Schon als Kind fand ich dieses Wort doof. Pubertät. Das hört sich an wie lebenslange Flatulenz. Pupsen ohne Ende. Und so soll man eine Freundin finden? Überhaupt war es schon schwierig mit der Freundinnenfindung aufgrund des damaligen Aussehens. Flaumbärtchen, fettige Haare mit Geruch von Apfelshampoo und orange Hemden mit Kragen bis zu den Brustwarzen. Der Höhepunkt der Pubertät war jeweils Freitag im Gemeindehaus der Evangelischen Kirche. Beatclub mit dem Pastor. Der legte die Platten auf. »Smoke on the water« von Deep Purple. Ich hoffte immer, er würde auch »Child in time« auflegen: neun Minuten lang, und dann Engtanz mit Ulrike Meier. Aber die hatte schon einen Freund. Also blieb mir immer nur Marie Luise. Vor dem Tanzen sagte sie stets: »Nicht tatschen!« Das wäre mir sowieso nicht eingefallen. Dann hing ich neun Minuten an ihr dran, wir drehten uns im Kreis und ich sah durch die Fenster, dass die Jungs sich schon wieder über die Zukunft unterhielten. »Bald kommt wieder eine Veränderung. Wir werden volljährig!« Volljährig sein, o ja. Das bedeutete: wählen können. Mein Vater sagte zu mir: »Du kannst wählen, was Du willst. Aber nicht die CDU, nicht die FDP und nicht die langhaarigen Bombenleger!« Da blieb ja nicht mehr so viel übrig. Volljährig sein bedeutete auch: Mitmachen bei der großen deutschen Volkszählung. Was gab es da für einen Protest. Selbst Senioren vertauschten mit großer Freude ihre Zahlen bei den Angaben. Wenn ich sehe, was heute die Menschen unter »Facebook« alles von sich preisgeben ... – da müssen wir damals auf einem anderen Planeten gelebt haben.

Danach passierte lange Zeit nichts. Gar nichts. Außer Heirat und Kinder kriegen. Und Ausbildung und Beruf. Aber dann, so las ich es in dem Zeitungsartikel, kommt der Mann, wenn er etwa 40 Jahre alt ist, in die Mitleidskrise. Ein Wort, das im Englischen immer falsch übersetzt wird. Jetzt weiß ich auch, was der Mann morgens 20 Minuten lang im Bad macht. Er steht nackig vor dem großen Spiegel, guckt sich an und hat Mitleid. Mitleid mit sich selbst. 20 Minuten lang. Er fragt sich:»Was ist aus mir geworden?«»Wo sind meine Träume hin?«»Früher: Sex und Drugs und Rock and Roll. Und was ist geblieben? Die Bauchroll(e).« Wir sehen ja kaum noch unsere eigenen Fußspitzen. Nachdem ich diesen Tatbestand auch bei mir bemerkte, bin ich sofort aus dem Bad zu meinen Kindern gelaufen.»Kinder, habe ich mich verändert?«, fragte ich. »Ja«, sagten sie,»aber wir hoffen, es ist nicht ansteckend.« Dann lief ich zu meiner Frau:»Habe ich mich verändert?« »Ja«, sagte sie.»Früher, da warst Du so romantisch. Da hast Du Rosenblätter auf den Rand der Badewanne gelegt, Teelichter angezündet und im Sektkühler Schaumwein ›Palais d'amour‹ daneben gestellt. Heute sagst Du, ich soll Dir einen Blasen (– und Nieren-Tee machen).«

Alle diese Informationen machen mich zutiefst nachdenklich. Vielleicht bin auch ich mitten in der Mitleidskrise. Mir fallen bereits Veränderungen an mir auf. In letzter Zeit gehe ich gerne spazieren, öfters auch über den Friedhof. Ich gucke mir schon mal die Lage der Gräber an. Geest oder Marsch, oben oder Talsohle. Man will ja nicht unbedingt mit dem Hintern im Wasser liegen. Auch meine Fernsehgewohnheiten haben sich geändert. Früher guckte ich gern Kriminalfilme, heute dagegen »ARD-Buffet« oder »Vera am Mittag«. Selbst die Hobbys sind andere geworden. Früher spielte ich Billard, heute mache ich »Malen nach Zahlen« oder fertige ein Stickbild an.

Ich glaube, ich werde älter. Aber das ist kein Problem. Denn in dem Statistikartikel las ich, dass der beste Teil meines Lebens noch vor mir liegt. Das Seniorenalter. Man denke nur an Johannes Heesters. Dem ist noch mit 80 Jahren ein Reh vor die Stoßstange gelaufen. Und nach diesem Unfall hat er dann sein Reh, d.h. seine Rethel geheiratet und war noch so lange fit wie ein Turnschuh. Als dann der Tod an seine Tür klopfte, öffnete er. Er erkannte den Tod natürlich sofort, drehte sich aber geistesgegenwärtig um und rief in das Haus: »Simone, Besuch für Dich.«

OBERHARZ

*Der Wein macht Spötter, und starkes Getränk
macht wild; wer davon taumelt, wird niemals weise.*

Sprüche 20,1

»**FÜR** Tiere und Menschen unbewohnbar!« So stand es angeblich auf den Schildern, die vor 100 Jahren rund um den Oberharz aufgestellt worden sind. Noch heute lebt dieses Gerücht. Kaum fallen im November die ersten Schneeflocken, hört man im Verkehrsfunk:»Der Oberharz ist nur noch mit Schneeketten befahrbar. LKWs umfahren das Gebiet bitte weitläufig. Bitte meiden Sie diesen Teil Norddeutschlands!« Was für eine Werbung. Gibt es diese Ansagen auch für Garmisch-Partenkirchen?

Ein Körnchen Wahrheit steckt natürlich dahinter. Im Winter ist der Oberharz schon ein Thema für sich. Hier fegt man nicht den Schnee, hier fräst man ihn. Hier schliddert man nicht über Eis, hier fällt man auf die Schnauze. Hier vergisst man nicht die alte Nachbarin, sondern fragt, ob man ihr etwas vom Supermarkt mitbringen soll. Jetzt, in dieser Winterszeit, die im Oberharz im Oktober beginnen kann und möglicherweise im April endet. Selbst im Mai, so erzählten mir alte Oberharzerinnen, konnte man als Konfirmandin noch in Stöckelschuhen durch den Schnee in die Kirche stolpern. Dazu sangen alle: Jesu, geh voran, auf der Lebensbahn. Wie passend. Selbst heute noch sind alle Damen auf den Winter besonders eingestellt. Denn die Frau vom Harz trägt abends zur Gala nicht nur die Jane-Birkin-Handtasche, sondern auch den Leinenbeutel, in denen sie die noblen Schuhe trägt, während sie bis dahin in Moonboots durch den Schnee stapft.

Der Oberharz ist zweigeteilt. Der sozialistische Schutzwall ist bis heute nicht vergessen. Er teilte West- und Ostharz. Dort, wo einst die Sprengfallen, Selbstschussanlagen und Trittminen lagen (für Ostalgiker, die der Spreewaldgurke und Bautzener Senf nachtrauern: diese Mördersachen gab es wirklich!), tummeln sich heute die Luchse und Wölfe. Der Ostharz, der schon vor der Maueröffnung als der schönere Teil vom Harz galt, konnte mit dem Soli ordentlich die Tourismusbranche zum Laufen bringen. Der Westharz hat diesen Trend leider verschlafen. Clausthal-Zellerfeld erst recht. Das historische Bergbaustädtchen alter Zeiten ist heute nur noch ein Schatten seiner selbst. Immerhin: Die Bergakademie gibt es noch, auch wenn die sich jetzt »Technische Universität« nennt. Die einzige Uni Deutschlands auf höchstem Niveau (600 Meter über Normalnull) und die einzige Hochschule ohne Bahnanschluss. Dafür liegt die TU neben der alten Marktkirche auf einem entbaumten, mit Steinen aus China gepflasterten Riesenplatz. Wieder ein Alleinstellungsmerkmal: die einzige Kirche, um die der Küster mit dem Feudel wischen kann. Die Touristen hingegen nehmen in der Kirche lieber den einzigen elektronischen Opferstock Deutschlands wahr, bei dem man mit Kreditkarte seine Kollekte geben kann. Garantiert ohne Elektrosmog und ohne Elektroschock, wenn man zu wenig einzahlt. Ansonsten weht ein kalter

Wind an den Dönerläden vorbei, während die einzige (!) Studentenkneipe erst um 17 Uhr öffnet. Doch alles Negative wird aufgehoben durch das große Positive: die Oberharzer Menschen. Wie alle Norddeutschen gelten sie als etwas eigensinnig, aber – wie gesagt – das gilt ja auch für die Ostfriesen, Nordfriesen, Heidjer und Hannoveraner. Doch der Oberharzer kann eine Herzlichkeit an den Tag legen, die sich erst auf den zweiten Blick erkennen lässt und die man nie wieder vergisst. Ein gutes Beispiel dafür ist die gute Ute. Die gute Ute lernten meine Frau und ich gleich nach dem Einzug in die Schützenstraße in Zellerfeld kennen. Kaum war der letzte Umzugskarton in der Wohnung, stand sie mit bepflanztem Blumentopf vor der Tür. Ute gehört zu dem Schlag der Menschheit, von denen es leider zu wenig gibt. Würde ich nachts vor ihrer Tür erscheinen und sagen:»Ich habe eine Bank überfallen, meinen Führerschein verloren, den Buchhändler in Clausthal gewürgt und die Polizei ist hinter mir her!«, dann würde sie sagen:»Komm' doch erstmal rein. Wir regeln das schon.« Ute sucht keine Schuldigen, sie löst Probleme. Für jeden. Sie bewohnt ein ganz großes Haus, das so groß sein muss, damit ihr Herz da rein passt. Und Volker, ihr Mann, der darf dort auch wohnen. Ihre Herzlichkeit findet man auch bei vielen anderen Oberharzern. Vielleicht ist es ja die lange winterliche Kälte, die die menschliche Wärme um so deutlicher spürbar macht. Wenn nicht gerade der Schnee zwei Meter hoch am Straßenrand liegt, kann der Oberharz auch kulturell so richtig aufdrehen. Wer jemals die Chance hat, an einem dieser beiden gesellschaftlichen Großereignisse teilnehmen zu können, der sollte nicht zögern.

Da ist der Bauernmarkt in Zellerfeld. Von April bis Oktober findet er jeden Donnerstag Abend in der Bornhardstraße statt. Man beginnt am besten im Osten (der Straße) mit einem Bier und einem Fischbrötchen vom Fischantiquariat. Nach einem Glas Wein landet man beim Nackensteak im Brötchen. Nachdem man die Bühne mit den Oberharzer Bergsängern überstanden hat, nimmt man ein Bierchen und eine Wildschweinbratwurst zu sich. Man füllt die Vorräte an Gewürzen und Heizungsreinigerbürsten, bevor man beim griechischen Stand noch etwas Tsatsiki nachfüllt. Und sicherheitshalber noch einen Ouzo. Schon ist man bei Räucher-Karl und seinen geräucherten Forellen, die 25 Jahre (mindestens) haltbar sind. Flugs kauft man noch einige XXL-Arbeitshosen, die man auf der Straße anprobieren darf, und Knöpfe aus der Vorkriegszeit. Schon ist man im Westen der Straße angekommen. Normalerweise sagt man »Im Westen nichts Neues«, aber hier gibt es unerwarteterweise Bier, Wein, Bratwurst, Harzer Käse und jodelnde Frauen. Sie jodeln wirklich! Tieren gibt man den Gnadenschuss, aber im Oberharz ist eben alles anders.

Das zweite Kulturgut trägt den stolzen Namen »Carolus-Anstich«. Dahinter verbirgt sich ein gut gehütetes Geheimnis und eine traurige Geschichte zugleich. Wer weiß eigentlich, warum das berühmteste alkoholfreie Bier »Clausthaler« heißt? Hier kommt die Auflösung: Ein Vertreter einer hessischen Großbrauerei verfuhr sich einst ohne Landkarte, Sinn und Verstand im Oberharz. Da er nicht wusste, was er tun sollte, kaufte er unversehens die letzte private Brauerei in Clausthal-Zellerfeld auf. Diese hieß »Claus-Bräu«. Zurück in Frankfurt, nahm er an der Vorstandssitzung teil, bei der die Brauerei nach einem Namen für das erste deutsche alkoholfreie Bier suchte. Noch benebelt vom Oberharzer Charme, warf der Herr das Wort »Clausthaler« in die Runde. Alle waren sofort begeistert. So heißt es nun also »Clausthaler«, und alle Clausthaler sind bis zum Jüngsten Tag beschämt bis auf die Knochen. Denn ohne Alkohol geht im Oberharz gar nichts außer Muttermilch am Karfreitag. Zur Besänftigung der aufgebrachten Oberharzer Gemüter hat die große Brauerei eine nette Entschädigung erfunden. Im November brauen sie das »Carolus«-Bier mit einem gefühlten Alkoholgehalt von 10 Prozent. Zum Anstich, der dem auf dem Oktoberfest ähnelt, wird entweder der Ministerpräsident oder ein anderer Prominenter eingeladen, der keine Ahnung haben darf, was ihn erwartet. Sonst würde er vorher absagen. Der »Glückauf«-Festsaal in Clausthal ist zum Anstichabend prall gefüllt mit Harzer »VIPs« vom Schützenverein, THW, Kegelverein, Präsidium der Technischen Universität, Gemeinderat samt Verwaltung und die Kirche als Kirsche obenauf. Die »Bergsänger« singen derart laut, als würde der Weltuntergang bevorstehen. Dazu gibt es spritzende Schmorwurst, Harzer Käse und Feuerwehrmarmelade. Und natürlich: Carolus, der Starke. Das dunkle Bier mit voller Dröhnung, eiskalt im Steinkrug serviert. Kaum ist der erste Krug überstanden (immerhin ein halber Liter), steht schon wieder ein neuer Krug vor dem Gast. Denn das Trinken und Essen ist heute frei! Dann muss der Prominente noch eine launige Rede halten, aber dann wird gefeiert, d.h. getrunken. Dass das Bier verheerende Nebenwirkungen hat, wurde vorher nicht verkündet. Und so nimmt das gesellschaftlich anerkannte Komasaufen seinen Lauf. Ich sah Professoren, die die Kellnerin mit »Meine süße Alma Mater« ansprachen, bevor sie dieselbe an den Po grapschten. Ich sah Schulleiterinnen, die auf allen vieren unter den Tischen herumkrochen, weil sie dort den Ausgang vermuteten. Ich sah Handwerksmeister, die Blumentöpfe mit Urinalen verwechselten. Ich sah einen Bürgermeister, der sich vier gestohlene Bierkrüge an den Hosengürtel band. Ich sah einen Unternehmer, der mir auf einem Bierdeckel die Philosophie von Karl Popper aufzeichnen konnte. So etwas gibt es eigentlich nur in den Geschichten des Alten Testamentes oder eben im Oberharz. Mich hat es auch jedes Jahr wieder erwischt. Vor allem in dem Moment, wo ich mit (hoffentlich) meinem Mantel in die sternklare, eiskalte Novembernacht hinausgegangen bin. Natürlich lag wieder Schnee. Aber diese Luft, diese Ruhe. Und dieser Rausch. Alles wäre gut, wenn nicht das Wissen im Hinterkopf schlummerte, wie sich der nächste Morgen anfühlen wird.

CLAUSTHAL BLUES

*Und damit ich mich wegen der hohen Offenbarun-
gen nicht überhebe, ist mir gegeben ein Pfahl ins Fleisch,
nämlich des Satans Engel, der mich mit Fäusten schlagen
soll, damit ich mich nicht überhebe. Seinetwegen habe ich
dreimal zum Herrn gefleht, dass er von mir weiche. Und
er hat zu mir gesagt: Lass dir an meiner Gnade genügen;
denn meine Kraft ist in den Schwachen mächtig.*

2. Korinther 12,7-9

ES herrschen 12 Grad minus,
da hilft kein Tesa-Moll,
und du rechnest mit Sinus
und hast die Schnauze voll.
Du hockst in deinem Zimmer
und schickst per e-mail einen Gruß,
doch es wird immer schlimmer:
du hast den Clausthal-Blues.

Dein Daddy hat gesagt: »Studier' bloß nicht im Harz!«
Doch du hast nicht auf ihn gehört.
Jetzt ärgerst du dich schwarz.
Es herrschen 12 Grad minus,
doch noch kälter ist dein Frust,
da hilft dir auch kein Sinus:
du hast den Clausthal-Blues.

Neben dir wohnt Sonja,
sie ist nicht gerade schön.
Früher noch zuhause,
hätt'st du sie nicht mal angesehen.
Doch jetzt fragst du sie notgeil:

»Wie wär's mit einem Tee mit Schuss?«
Das ist ein klares Zeichen:
du hast den Clausthal-Blues.

Die Mutter schickt dir Päckchen:
lange Unterhosen drin.
Papas alte Liebestöter machen hier noch Sinn.
Du stehst vor deinem Fenster.
Wenn du springen willst, dann tu's.
Doch leider wohnst du Erdgeschoss
und hast den Clausthal-Blues.

FRISÖR

Samson sprach: Es ist nie ein Schermesser auf mein Haupt gekommen; denn ich bin ein Geweihter Gottes von Mutterleib an. Wenn ich geschoren würde, so wiche meine Kraft von mir, sodass ich schwach würde und wie alle andern Menschen. Als nun Delila sah, dass er ihr sein ganzes Herz aufgetan hatte, sandte sie hin und ließ die Fürsten der Philister rufen und sagen: Kommt noch einmal her, denn er hat mir sein ganzes Herz aufgetan. Da kamen die Fürsten der Philister zu ihr und brachten das Geld in ihrer Hand mit. Und sie ließ ihn einschlafen in ihrem Schoß und rief einen, der ihm die sieben Locken seines Hauptes abschnitt. Und sie fingen an, ihn zu bezwingen – da war seine Kraft von ihm gewichen.

Richter 16,17-19

LIEBER dreimal zum Zahnarzt als einmal zum Frisör! Ich mag nicht gerne zum Frisör gehen. Das hängt nicht damit zusammen, dass die Zeiten meiner Hochsteckfrisur vorbei sind. Nein, ich mag es nicht, dass Frauen und Männer in einem Laden gleichzeitig und nebeneinander sitzen. Unsere Gesellschaft ist so durchemanzipiert, dass sich kaum einer an die guten alten Zeiten erinnern kann. Früher gab es den »Herrensalon«. For men only. Frauen ist der Zutritt untersagt. Herrliche Erinnerungen kommen in meinen Sinn. Man(n) trat ein und fand hinter der Tür eine Kiste Bier. Eine Mark kam in die Zigarrenkiste und dann schritt man zur Leseecke. Magazine für den Herrn waren sorgfältig ausgelegt: die ADAC-Zeitung, Hefte von der Stiftung Warentest, der neueste Märklinkatalog und die »Neue Revue«. Die Gesprächsatmosphäre war gepflegt, es duftete nach Irish Moos, aus dem Radio hörte man NDR 2 mit Carlo von Tiedemann. Klaus, der Dorffrisör, wusste die neuesten Witze für den Herrn und die Nackenhaare wurden von ihm noch mit einem echten Rasiermesser ausgeschnitten. Alle waren glücklich. Doch dann kamen unaufhaltsam die neuen Zeiten. Der Herrensalon wurde mit dem Damensalon verbunden. Auf einmal war alles unisex.

Statt Bier gibt es nun Kaffee, statt »Neue Revue« nun »Frau im Spiegel«, und im Hintergrund spielt eine CD von Helene Fischer.

Was den Gang zum Frisör für mich noch schwerer macht, ist mein Beruf. In meiner Gemeinde sind die Pastoren bekannt wie bunte Hunde. Das ist normalerweise sehr schön. Doch beim Frisör möchte ich einfach einmal meine Ruhe. Aber das ist unmöglich. Kaum trete ich in den Laden und nehme Platz, merken alle Frauen, wer da eben reingekommen ist. Obwohl es technisch unmöglich ist, meine ich, dass alle anwesenden Damen mit ihren Trockenhauben samt Haarwaschbecken langsam an mich heranrücken. Spätestens nach einer Minute werde ich auch schon angesprochen: »Sagen Sie mal, Herr Pastor, wie ist das mit Solinsikis Herta. Die hat einen Lebensabschnittsgefährten, dabei ist doch ihr verstorbener Mann erst seit drei Jahren unter der Erde. Darf die das? Können Sie da nicht was gegen tun?«

Um diesen Gesprächen zu entgehen, habe ich eine Taktik entwickelt. Ich gehe nicht mehr in meiner Gemeinde zum Frisör. Aus und vorbei. Mindestens 20 Kilometer entfernt besuche ich einen anderen Laden. Doch auch hier kann es zu Fehlern meinerseits kommen. Beim Eintreten werde ich gerne höflich gefragt: »Na, wo kommen Sie denn her?« Fehler Nummer Eins ist die Antwort: »Aus Buxtehude.« Dann ertönt ein Frauenchor im Salon: »Aus Buxtehude. Wo der Hund mit dem Schwanz bellt. Erklären Sie uns doch mal die Bedeutung dieser Redensart.« Sofort danach kommt die Frage: »Was machen Sie denn so beruflich?«

Fehler Nummer Zwei ist die Antwort:»Ich bin Pastor.« Erneut ein Frauenchor:»Ein Pastor. Ein freilaufender Pastor aus Kirchenhaltung. Und wir dachten, ein Pastor ist wie der liebe Gott. In der Woche unsichtbar und am Sonntag unbegreiflich.« Großes Gelächter und ich weine innerlich. Lernfähig kann ich aber auch sein.

Wenn ich zur Zeit zum Haareschneiden gehen muss, habe ich einen neuen Überlebensplan dabei. Fragt man mich jetzt beim Eintreten in einen neuen Salon:»Na, wo kommen Sie denn her?«, so antworte ich:»Aus Wiedensahl.« Dann können Sie förmlich hören, wie die weiblichen Festplatten anspringen. Die femininen Denkmurmeln rattern lauter als das Dröhnen der Trockenhauben. »Wiedensahl? Da war doch was? Moment, Moment!« Nach zehn Minuten hat es dann meist eine Dame rausbekommen.»Da steht das deutsche Zollstockmuseum!« »Richtig«, sage ich,»darüber hat schon Wilhelm Busch geschrieben.« Nun die zweite Fangfrage:»Und was machen Sie beruflich?« Ich sage:»Ich führe dort ein kleines, gemütliches Landbordell.« Dann herrscht Stille. Schweigen. Silentium. Und ich kann in aller Seelenruhe meinen Kaffee trinken und die»Frau im Spiegel« lesen.

DINGEDANGTAG

Gott sprach zum reichen Kornbauern: Du Narr! Diese Nacht wird man deine Seele von dir fordern; und wem wird dann gehören, was du angehäuft hast? – So geht es dem, der sich Schätze sammelt und nicht reich ist in Gott.

Lukas 12,21

DIE einzige real existierende Madonna sagte es in weisen Worten:»We are living in a material world and I'm just a material girl.« Der Materialismus umgibt uns, ob es uns nun gefällt oder nicht. Die Frage lautet nur, wie viel Kontakt wir zu den Dingen haben, die uns alltäglich begleiten. Haben wir lediglich ein sachliches Verhältnis oder könnte es nicht auch ein wenig gefühlvoller sein? Ich denke an meinen Vater. Wenn wir in den 60er Jahren zum Jahresurlaub nach Bad Harzburg fuhren, dann hat er zuvor noch unseren alten VW 1300 gewaschen. Desselbengleichen tat er vor Ostern und vor Weihnachten. Auf die Frage nach dem Grund antwortete er mir:»Weil sich das so gehört!« Auch das Auto möchte sich freuen, wenn es chrompoliert in der Garage auf das Christkind oder die Fahrt in die Ferien wartet. Doch wer bringt heute noch so viel Gefühl für das Fahrgestühl auf?

Als Pastor bin ich da auf eine Idee gekommen. Was feiern wir nicht alles für Danktage im Kirchenjahr? Erntedanktag; Danktage für die Silbernen, Goldenen, Diamantenen Konfirmanden; Danktag für die Ehrenamtlichen; Danktag für die Jäger, ihre Hunde und ihre Beute (Hubertusmesse). Für alles und für jeden können wir dem Herrgott danken, aber nicht für die hilfreichen Gegenstände, die uns in Haushalt und Beruf zur Seite stehen und ohne die wir – weiß Gott – nicht mehr überlebensfähig wären. Also habe ich den »Dingedanktag« erfunden. Allein für diese Wortschöpfung bekam ich einen Preis vom Gottesdienstinstitut in Hildesheim.

Am »Dingedanktag« gedenken wir der Gegenstände, die aus unserem Leben nicht mehr wegzudenken sind. Zum Beispiel: der Staubsauger. Wer weiß eigentlich, wann der eigene Staubsauger Geburtstag hat? Sein Geburtsdatum ist auf dem Motor eingestanzt. Man muss sich zwar etwas Mühe machen, um an den Motor unter dem Kunststoffgehäuse heranzukommen, aber auch für unsere Angehörigen machen wir uns zu deren Geburtstag richtig viel Arbeit. Wenn man nun weiß, wann »Staubi« geboren bzw. gefertigt wurde, dann kann man einfach die Familie und die Nachbarn zu einer kleinen Kaffeetafel einladen. Der Staubsauger wird auf einen Ehrenstuhl gehoben, und alle werden sich freuen. Es wird sich in der ganzen Gemeinde im Nu herumsprechen, dass Sie eine Geburtstagsfete für Ihren Staubsauger gegeben haben. Es kann sogar vorkommen, dass Sie danach von Ihrem Pastor oder Nervenarzt angesprochen werden, so Aufsehen erregend ist diese kleine freundliche Geste der Aufmerksamkeit.

Auch andere Gegenstände haben unsere Sensibilität und Dankbarkeit verdient. Ich erinnere nur an die allgegenwärtigen Mobilfunktelefone. Bei ihnen kommt es noch am häufigsten vor, dass ihre Benutzer ein zärtliches Verhältnis zu ihnen aufbauen. Vor allem Männer tragen sie gerne vorn in den Hosentaschen, also »ganz dicht am Mann«. Da wird aus einem Vibrationsalarm im Handumdrehen ein erotischer Moment. Aus diesem Grund geben Männer ihrem Mobiltelefon gerne einen menschlichen Kosenamen. Am beliebtesten ist der Name »Sandy«. Wie oft hören wir Sätze wie »Ich glaube, ich hab ›s'Handy‹ nicht dabei?« oder »Ich muss ›s'Handy‹ wieder aufladen!« Sandy ist eine Lebensbegleiterin, die wirklich und wahrhaftig immer mit einem geht. Und wenn Sandy in Form des neuen iPhones einmal auf den Boden fällt und einen Sprung im Glas hat, dann fangen selbst gestandene Männer an, hemmungslos zu weinen.

Zur Würdigung der alltäglichen Lebenshelfer findet jetzt in unserer Kirchengemeinde der »Dingedanktag« statt. In jedem Jahr am 7. Sonntag nach Trinitatis. In der katholischen Kirche ist das der Gedenktag für die Heilige Miele und den Heiligen Blackunddecker. An diesem Tag darf jeder und jede seine allerliebsten Haushaltsgegenstände mit in die Kirche bringen und sie vor dem Altar ablegen. Eine liturgische Handreichung zur Gottesdienstgestaltung wird bereits im Gottesdienstinstitut in Hildesheim vorbereitet. Angedacht ist eine neue Version des »Danke«-Liedes und des Chorals »So nimm denn meine Sandy«. Durch diesen neuen Gottesdienst in anderer Gestalt zeigt sich die Kirche auf ihrem guten Weg zur Öffnung für die moderne Welt. Eine EKD-Denkschrift zu diesem Thema ist allerdings zu befürchten. Doch dieser Nachteil kann nicht den emotionalen Mehrwert überschatten, der sich einstellt, wenn die ganze Gemeinde zum Dingedanktaggottesdienst geht – mit ihren Staubsaugern im Schlepptau.

EHRENAMT

Als sie aber weiterzogen, kam Jesus in ein Dorf. Da war eine Frau mit Namen Marta, die nahm ihn auf. Und sie hatte eine Schwester, die hieß Maria; die setzte sich dem Herrn zu Füßen und hörte seiner Rede zu. Marta aber machte sich viel zu schaffen, ihm zu dienen. Und sie trat hinzu und sprach: Herr, fragst du nicht danach, dass mich meine Schwester lässt allein dienen? Sage ihr doch, dass sie mir helfen soll! Der Herr aber antwortete und sprach zu ihr: Marta, Marta, du hast viel Sorge und Mühe. Eins aber ist Not. Maria hat das gute Teil erwählt; das soll nicht von ihr genommen werden.

Lukas 10,38-42

VOR einem Vierteljahr stand ein Pastor vor der Tür
von meiner lieben Mama, sie konnt' gar nix dafür.
Er brachte den Gemeindebrief, und er war sehr galant,
seitdem ist meine Mama im Ehrenamt.
In der Kirchengemeinde ist sie jetzt stets bereit,
und für mich, ihr kleinen süßen Sohnemann, hat sie
jetzt keine Zeit.

Mama ist jetzt im Ehrenamt,
ich find das allerhand,
ich fühl mich nicht entspannt,
bei Mama im Ehrenamt.

Sie macht jetzt mit im Seniorenkreis,
kocht Kaffee und backt Kuchen und macht all den
Scheiß,
sie geht zum Geburtstag von den alten Leut',
so sehr hat sie sich bei meinem nie gefreut.
Zur Krönung will sie jetzt sogar in den KV
und strickt Socken für den Pastor in der Lieblingsfarbe
»blau«.

Mama ist jetzt im Ehrenamt,
ich find das allerhand,
sie raubt mir den Verstand,
in ihrem Ehrenamt.

Sie sammelt Kleiderbeutel jetzt am Bethel-Tag,
trinkt Dritte-Welt-Kaffee, trotz Herzinfarkt.
Den Gemeindebrief trägt sie nun selber aus,
dafür kam der Herr Pastor auch nie mehr in's Haus.
Im Kindergottesdienst ist sie voll engagiert,
und am Weltgebetstag hat sie gegen Global warming
demonstriert.

Mama ist jetzt im Ehrenamt,
und sie wird mir ganz unbekannt,
finanziell ist sie bald abgebrannt,
aber anerkannt im Ehrenamt.

Der Pastor und der Diakon krieg'n volles Gehalt,
und Mama kriegt 'nen Händedruck, aber halt:
zu Weihnachten gibt's zum Dank 'nen Preis,
einen Habdank-Druck, natürlich schwarz-weiß.
Warum darf meine Mama nicht mehr wie früher sein?
Ich kann euch alle warnen, wenn es klingelt, lasst nie den
Pastor rein!

Sonst seid auch ihr im Ehrenamt,
ich find das allerhand,
finanziell seid ihr dann abgebrannt,
aber anerkannt, im Ehrenamt.

DEMUTSÜBUNG TANNENBAUM

HERR, mein Herz ist nicht hoffärtig, und meine Augen sind nicht stolz. Ich gehe nicht um mit großen Dingen, die mir zu wunderbar sind. Fürwahr, meine Seele ist still und ruhig geworden wie ein kleines Kind bei seiner Mutter; wie ein kleines Kind, so ist meine Seele in mir.

Psalm 131,1-2

WENN der 1. Advent gekommen ist, dann sollte jeder einmal in die Kirche gehen. Keine Angst! Falls jemand dabei vom Pastor erwischt wird, kann man immer noch sagen: »Ich bin nur hier, um mit meinem Handtuch einen Platz am Heiligabend zu reservieren.« Meistens ist man aber alleine im Kirchenraum und dann kann jeder sich in Ruhe umschauen. Ein Blick auf den Altar zeigt etwas Besonderes: Der Vorhang (kirchendeutsch: das Antependium) ist violett. Diese Farbe kommt im Kirchenjahr nur zweimal vor: in den sieben Wochen vor Ostern und in den vier Wochen der Adventszeit. Das sollte zu denken geben! Genauso wie die Zeit vor Ostern ehemals eine Fastenzeit war (und heute mit »7 Wochen ohne« wieder ist), so galten auch die Wochen vor Weihnachten als Zeit des Fastens! Man höre und staune: Adventszeit ist Fastenzeit. Erzählen Sie das mal vor den Glühwein- und Bratwurstbuden auf dem Weihnachtsmarkt, aber passen Sie auf, dass Sie dabei nicht erschlagen werden. Daran erkennt man: Heute ist es vor Weihnachten mit dem Fasten vorbei. Dabei sollte das Fasten ursprünglich gar keine Gewichtsabnahme bedeuten, sondern eher eine Zunahme: eine Zunahme an Bewusstsein! Am Ende der Fastenzeit sollte jeder wissen, wie groß er in Wirklichkeit vor unserem

Herrgott ist. Das nennt man »Demut«. Da der Mensch von heute an dieser Demutserkenntnis kein Interesse mehr hat, dachte sich unser Herrgott etwas Besonderes aus. »Wenn Ihr nicht fasten wollt, dann schenke ich Euch etwas, das einem Fasten gleichkommt. Und diese Besonderheit vor Weihnachten ist so verführerisch, dass jeder von Euch sie freiwillig macht.« So sprach er und erfand die »Demuts-übung Tannenbaum«. Ein Fastendrama in sieben Akten. Und alle Jahre wieder machen wir sie alle mit. Freiwillig.

Erster Akt: der Ankauf. Vor 100 Jahren benötigte man zum Erwerb eines Weihnachtsbaumes nur zwei Dinge: eine Axt und einen Knüppel. Mit der Axt fällte man den Baum und mit dem Knüppel vertrieb man den Förster. Heute macht man das anders. Jeder fährt vor einen großen Supermarkt und spielt mit bei der großen Tannenbaumlotterie. Auf dem Parkplatz stehen die Baumkandidaten aufgereiht und eingepackt in Thrombosestützstrümpfen. Man gibt dem Verkäufer 20, 30 oder 50 Euro – und wie bei einer Lotterie erfährt man erst beim Auspacken, ob man einen Gewinn oder eine Niete gezogen hat. Ich bin da immer noch etwas altmodisch. Ich fahre nicht zum Supermarkt, sondern auf die Autobahn. Bei der nächsten Abfahrt, die von Wald umstanden ist, fahre ich ab. Dort stehen nämlich auch Tannenbaumverkaufsstände. Die Bäume sind auch alle in reizvolle Netze gehüllt. Aber die Waldatmosphäre ist einfach unbezahlbar. Beim echten Bezahlen muss man nur aufpassen, bei welchem Wohnmobil man anklopft. Wenn jemand meint, Weihnachten sei das Fest der Liebe, und geht daraufhin zum Wohnmobil mit einem aufgemalten roten Herzen, dann muss er Obacht geben. Öffnet nach dem Klopfen eine Weihnachtsbaumverkäuferin, die mit nichts bekleidet ist außer einer Nikolausmütze, dann sollte man schnell nachschauen, ob Mutti einem genug Taschengeld mitgegeben hat.

Zweiter Akt: die Ankunft daheim. Ich binde meinen bestrumpfthosten Tannenbaum auf das Autodach und fahre zurück. Kurz vor der Ankunft in meinem Carport schalte ich den Motor aus und rolle völlig geräuschlos auf mein Grundstück. Leise öffne ich die Autotür, ohne einen Laut hole ich den Tannenbaum vom Autodach, mucksmäuschenstill öffne ich mit meinem Taschenmesser den Thrombosestützstrumpf, in völliger Ruhe entfaltet sich der Baum. Doch auch wenn nichts zu hören war, stehen auf einmal meine Frau, meine Kinder und meine Nachbarn vor dem Carport, gucken mich und den Baum an und rufen mit einer Stimme nur ein einziges Wort: »Nönä.« Ich frage zurück: »Was gefällt Euch denn nicht?« Sie sagen: »Der Baum ist ja schief.« Ich versuche die Sache zu retten und erwidere: »'N beeten scheef hätt Gott leeft.« Doch sie nerven einfach weiter: »Der hat ja 'ne Doppelspitze.« Ich sage: »In Berlin haben wir auch eine große Koalition!« Und dann geht das Gezeter erst richtig los, bis ich vor lauter Wut den Tannenbaum ohne Handschuhe hochstemme, sodass alle Nadeln in mein Gesicht pritzeln. Ich vermute, ich werde danach aussehen wie eine Mischung aus Guido Westerwelle und Jürgen Prochnow. Doch ich gebe nicht auf und trage den Baum in die Wohnung. Vor mir läuft meine Frau und ruft aufgeregt, dass ich bloß nicht an die Wände und an die Kommode kommen soll. Hinter mir läuft meine Nachbarin und saugt mit dem Handstaubsauger die ersten Nadeln weg. Im Wohnzimmer hat meine Frau bereits eine Wachstischdecke ausgelegt, die so groß ist, dass man darauf eine Hirschkuh zerwirken könnte. Und um mich völlig zu demütigen, hat sie die Mitte der Decke mit einem Kreidekreuz gekennzeichnet. Nun ruckele ich den Baum auf den Ständer bei gleichzeitiger voller Kommentarbefeuerung der Anwesenden, von denen nicht ein einziger mithilft! Als der Baum endlich steht, sagt die versammelte Mischpoke nur ein einziges Wort: »Nönä. Der steht ja schief.«

Dritter Akt: die Tannenbaumspitze. Die Tür öffnet sich und Tante Elsbeth betritt das Wohnzimmer. Sie trägt ein rotes Samtkissen, auf dem unsere Familientannenbaumspitze liegt. »Das ist das Einzige, was Opa Heinrich aus dem Polenfeldzug mitgebracht hat.« Und dann wird wieder die Geschichte erzählt, wie Opa Heinrich aus dem Krieg zurück nach Hause kam: ohne Schuhe, ohne Gewehr, ohne Rucksack, ohne Kleidung. Nur mit der Tannenbaumspitze. Das habe ich mir immer bildlich vorgestellt!

Vierter Akt: die Lichterkette. Zu diesem komplexen Thema erlaube ich mir einen theologischen Exkurs. In der Bibel ist es ganz klar: Ganz oben im Regiment sitzt unser Herrgott. Doch unter ihm, da gibt es noch einen Bösewicht. Es handelt sich dabei nicht um Dieter Bohlen, sondern um den Satan. Doch der Satan kann nichts tun, es sei denn, der Herrgott erlaubt es ihm. Nur zwei Dinge hat er ihm bisher gestattet. Zum einen die Versuchung des Hiob, zum anderen die Erfindung der Lichterkette. Die ist wirklich vom Teufel. Jedes Jahr finde ich den Beweis. Ich hole die Schachtel mit der Kette vom Dachboden. Obwohl sie niemand seit dem letzten Abschmücken geöffnet hat, ist die Kette wieder total vertüddelt. Und die im letzten Jahr erneuerten Kerzen sind die ersten, die wieder kaputt sind. Die Lichterkette ist Teufels Werk und Beitrag zum Fest der Feste.

Fünfter Akt: Lametta. Loriot sagte: Früher war mehr Lametta. Bei uns ist noch mehr Lametta als früher. Dank Tante Elsbeth. Sie holt zunächst das Bügelbrett aus dem Keller und dann die Lamettakiste der letzten Jahrzehnte. Lametta schmeißt man nämlich nicht weg. Nein, das kann man immer noch verwenden, wenn man es – Streifen für Streifen – bügelt. Der dünne Aluminiumstab wird dann über dem Ast gebogen. Am Ende wird das Gehänge mit Wasserwaage und Zollstock auf »gleiche Länge« abgeschnitten. Wenn endlich unser Baum voll lamettiert ist, hat der Kompass auf dem Flughafen Hamburg-Fuhlsbüttel eine Missweisung! Verständlicherweise lesen wir am Heiligen Abend unter dem Baum nicht die Weihnachtsgeschichte, sondern von Ernst Jünger »Unter Stahlgewittern«.

Sechster Akt: die Kugeln. Nach der Lamettadekoration kommen meine Kinder zum Weihnachtsbesuch und fragen nach den Kugeln, die noch nicht im Baume hängen. Wie denn auch? Ich muss erst die Flex holen und Löcher in die Silberwände schneiden. Jedes meiner Kinder hat seine Lieblingskugeln vom jeweiligen Lieblingsfußballverein. Meine Tochter steht auf St. Pauli. Das sind die braunen Kugeln mit dem Totenkopf. Die kommen ganz nach oben. Mein erster Sohn ist Fan von Hannover 96. Das sind die roten Kugeln, die in der Mitte des Baumes platziert werden. Dann kommt mein zweiter Sohn, der Anhänger vom HSV ist. Die Kugeln kommen schon seit Jahren auf den absteigenden Ast.

Siebter Akt: der 24. Dezember. Die Familie ist schon beim Frühstück in heller Vorfreude. Ich auch, aber zuvor habe ich als Pastor noch ein wenig zu tun. Um 11 Uhr morgens schnappe ich mir meinen Talar – und dann geht es los: 11.30 Uhr Krippenspiel für die Allerkleinsten. 14 Uhr: Krippenspiel für Kinder. 15.30 Uhr: Krippenspiel für die Größeren. 16.30 Uhr: Christvesper I. 18 Uhr: Christvesper II. 20 Uhr: Weihnachtsstube im Gemeindehaus für Menschen, die alleine sind. 22 Uhr: Christmette. 1 Uhr: Gemütliches Glühweintrinken mit den Ehrenamtlichen. Um 2 Uhr komme ich nach Hause zurück, alle liegen schon im Bett. Da will ich nun auch hin. Am nächsten Morgen: um 7 Uhr Wecken per Wecker, denn um 10 Uhr ist Festgottesdienst mit der Kantorei. Aus lauter Erbarmen steht meine Frau zum Frühstück auf. Beim Verzehr des warmen Ofenaufbackbrötchens sagt sie:»Wenn Du nachher zurück bist, könntest Du bitte den Baum nach draußen stellen. Ich glaube, er nadelt schon.« In diesem Moment hat die Demutsübung ihr Ziel erreicht; das Fasten hatte Erfolg. Nun weiß ich, wie groß ich vor dem Herrgott bin. Nämlich ganz klein mit Hut.

FÜHRUNGSNÖRGLER

Gott ließ das Volk einen Umweg machen und führte es durch die Wüste zum Schilfmeer.

2. Mose 13,18

FÜR einige Jahre durfte ich der Konventualstudiendirektor im Kloster Loccum am Steinhuder Meer sein. Neben der Organisation des Klosters und des Predigerseminars gab es immer noch etwas zu tun. Zum Beispiel: Klosterführungen für Touristen. Führungen durch das Kloster Loccum bereiteten mir immer große Freude. Ob Kinder oder Schüler, Erwachsene, Senioren, Kirchenleute oder Kegelvereine: Ihnen allen zeigte ich gerne die Räume und Schätze der Zisterzienser, erzählte mit Freude die Geschichte und die Geschichten dieses historischen Ortes.

Nur manchmal verflog die Freude. Vor allem, wenn »er« wieder dabei war. Ein ganz bestimmter Typ von Führungsgast. Ich nenne ihn den Führungsnörgler. Irgendwo zwischen 50 und 70 Jahre alt, oft mit Pepitaschal um den Hals, selbst bei warmen Temperaturen, manchmal sogar mit Heft und Stift bewaffnet, stets mit einem misstrauischen, missmutigen, misslichen Gesicht, was auf langjährigen Genuss von alkoholfreiem Bier schließen lässt. Er gibt mir manchmal nur wenige Sätze Vorsprung, dann springt er an und auf mich los.

»Sagen Sie, betont man den Namen ›Molanus‹ nicht auf der ersten Silbe? Abt Stracke hat doch einen berühmten Namensvetter in Minden gehabt. Könnte der den Taufstein nicht gestiftet haben? Sie sprechen immer von Romanik und Gotik. Dabei handelt es sich hier doch eindeutig um spät-postmonolithische Divergenzromanik. Und die Gotik hier ist eindeutig antiromanistisch. Der Reliquienschrein von Fulda ist offensichtlich das Vorbild von Ihrem hier, warum haben Sie das nicht erwähnt? Dass der Maler Gebhardt ein Gegennazarener war, dürfen Sie aber nicht unterschlagen.«

So redet er, der Führungsnörgler. Andauernd. Manchmal wird er von seiner Frau begleitet. Die guckt genauso mies drein und sagt immer nur: »Richtig. Genau. So ist das. Hätten Sie aber auch sagen können. Mein Mann hat studiert.«

Der Führungsnörgler ist mein Untergang. Dagegen sind mir diejenigen richtig lieb, die dreimal die Sitzklappen im Chorgestühl runterfallen lassen, als hätten sie zum ersten Mal das Gravitationsgesetz wahrgenommen. Dagegen liebe ich sogar die, die in den historischen Räumen immer mit den Schuhen gegen die Heizung knallen, noch mal und noch mal, bis sie merken, dass das kein natürliches Geräusch ist.

Aber der Führungsnörgler toppt sie alle. Manchmal wünschte ich mir schon, es gäbe im Kloster eine Geheimklappe, am besten am Grabstein des Klostergründers Hallermund. Wenn der Führungsnörgler darauf stünde, würde ich einen Knopf drücken und ihn in die Gruft verbannen bis zum Jüngsten Tag. Aber was sollte der Herrgott in der Zwischenzeit mit ihm anfangen?

Neulich hatte ich wieder so einen Typen. Besserwisserisch natürlich, aber ohne Frau. Die hat ihn bestimmt nicht überlebt. Überall gab er seine angebliche Detailkenntnis dazu. Und er wurde nicht ein bisschen müde, mich auf meine angeblichen Ungenauigkeiten hinzuweisen. Doch als er kopfschüttelnd fragte:»Wo haben Sie eigentlich Ihre verschwommenen Informationen her?«, da platzte mir der Kragen.»Mein Wissen habe ich von Professor Zachow«, donnerte ich – mit gespieltem Stolz, geschwollener Brust und verachtungsvollem Blick.»Zachow«, fragte er etwas unsicher und vorsichtig zurück,»äh, wer ist denn das?«

»Sie wissen etwa nicht, wer Zachow ist?«, polterte ich mit aller mir zur Verfügung stehenden Arroganz zurück. »Nein«, sagte er blass,»tut mir leid, aber ...«»Unglaublich«, blaffte ich zurück,»da führt man Menschen, die einmal die Schule besucht haben, und dann so was.«»Entschuldigung, das tut mir leid, ich frag auch nichts wieder«, sagte er kleinlaut und hielt für den Rest der Führung seinen Mund.

Zachow ist übrigens der Klavierlehrer vom kleinen Joseph Haydn gewesen, dem berühmten Komponisten, aber wer weiß das schon? Ein besserwisserischer Führungsnörgler weiß es jedenfalls nicht. Mein Glück.

EISFABRIK

Denn Liebe ist stark wie der Tod und Leidenschaft unwiderstehlich wie das Totenreich. Ihre Glut ist feurig und eine Flamme des HERRN.

Hohelied 8,6

TEMPUS fugit – die Zeit flieht. Das wusste man schon im Alten Rom. Heute wissen wir es nicht nur, wir fühlen es auch. Erinnern können wir es auch, wenn wir uns denn noch erinnern können. Alles geht so schnell dahin. Wann war noch mal der österreichische Weinskandal? Oder der BSE-Skandal? Und in welchem Jahr entdeckte man den Pferdefleisch-Skandal? Und seit wann gibt es den neuesten Skandal, der sich seit Jahren angekündigt hat? Er liegt mit dem Klima vor unseren Türen: Global Warming. Vor kurzem haben Wissenschaftler herausgefunden, dass 80 Prozent des Grönlandeises mittlerweile angetaut sind. Angetaut! Männer machen sich darüber keine Gedanken, aber Frauen wissen Bescheid. Wenn etwas angetaut ist, kann man es vergessen. Ein Beispiel nur für Männer: Es ist Samstag Abend. Im Fernsehen kommt »Schlag den Raab«. Die Ehefrau will das unbedingt sehen, weil die Kandidaten alle so knackig aussehen. Der Mann setzt sich nolens volens neben seine ehemalige Herzdame auf das Sofa. Nach ungefähr 90 Minuten ist der Kandidat mit Waschbrettbauch gefunden. Das erste Spiel geht los. Jetzt dauert es nur noch etwa vier bis fünf Stunden. Der Mann erhebt sich mit der Ausrede, mal kurz auf die Toilette zu müssen. Zuvor biegt er aber in den Keller ab und öffnet den Deckel der Tiefkühltruhe. Er schenkt sich einen Aquavit in ein Glas ein, das er vorsorglich schon nachmittags dort deponiert hat. Ein Glas für den gelungenen Plan, ein Glas für den Rückweg, ein Glas, weil es gleich noch endlos dauert, und ein Glas zur Sicherheit. Etwas angedüselt wankt der Mann zurück und schläft selig neben seiner Gattin ein. Leider hat er übersehen, den Deckel der Tiefkühltruhe wieder ordnungsgemäß zu schließen.

Am nächsten Morgen geht nun die Ehefrau in den Keller, um die gefrorenen Lammkoteletts von ALDI aufzutauen. Da entdeckt sie die Misere. Deckel nicht richtig zu! Das bedeutet, in der nächsten Woche nur Buttergemüse und Rahmspinat. Ist nämlich einmal etwas angetaut, dann kann man es nicht wieder einfrieren. Das stinkt sonst zum Himmel, und dieser Satz gilt auch für das Grönlandeis.

Die Vereinten Nationen haben sich endlich einmal zu einem Entschluss durchgerungen. Wer etwas kaputt macht, der soll für den Schaden haften und ihn beseitigen. Das gilt ab jetzt auch für das Global Warming. Und wer ist am kaputten Weltklima schuld? Früher dachte man an die pupsenden Schafe in Neuseeland oder die Raucher vor den Gaststätten. Falsch! Schuld sind die Verunreinigenden Staaten von Amerika. Die dürfen jetzt das ganze angetaute Grönlandeis abräumen und entsorgen. Doch wohin? Wie gesagt: Es stinkt zum Himmel. Zum Himmel allein führt die Rettung.

Wer hat sich eigentlich schon einmal gefragt, warum die Amerikaner in letzter Zeit so viele Mars-Missionen veranstalten? Die verschlingen Milliarden von Dollars. Mit diesem Geld könnte man die ganze Welt mit Schulen und Krankenhäusern pflastern, aber nein: Die Amerikaner wollen zum Mars. Auf die Frage nach der Begründung hört man die Antwort:»Wir wollen sehen, ob da Wasser ist.« Was ist das für eine Antwort? Haben wir zu wenig Wasser auf unserem Planeten? Falls ja, wollen die Amerikaner dann zum Mars, eine Pipeline bauen? Welcher Amerikaner will auf dem Roten Planeten arbeiten, auf dem es nicht einmal McDonalds gibt? Die Antwort ist so einfach wie tragisch. Wenn auf dem Mars einmal Wasser war, dann kann da auch wieder Wasser hin. In Form von Eis. Von Grönlandeis. Die NASA hat zufällig noch einige Saturn-5-Raketen in der Asservatenkammer, da kann man das Eis hineinpressen, und dann geht die Reise als Einmalflug ab nach oben.

Dieser Plan hat sich natürlich mittlerweile in der Politik herumgesprochen. So hat dann auch unsere Bundeskanzlerin Merkel beim amerikanischen Präsidenten angerufen und ihn um einen Gefallen gebeten. Sie habe da ganz zufällig noch ein paar Behälter im Wendland herumstehen. Von denen gehe überhaupt keine Gefahr aus, auch wenn sie keiner ihrer bisherigen Umweltminister als Skulptur im eigenen Vorgarten aufstellen wollte. Da so ein CASTOR-Behälter bereits äußerlich einer Saturn-5-Rakete ähnelt, könne man die doch da ganz einfach reinstecken; das Eis kühle außerdem noch, und dann geht das Gesamtpaket per Rakete ab zum Mars. Als ich davon hörte, habe ich meinen ersten Brief an unsere Bundeskanzlerin geschrieben. »Liebe Frau Merkel, ich gehöre zu den wenigen, die wissen, dass Sie in Hamburg geboren wurden und erst später in die neuen deutschen, damals ostdeutschen Länder gegangen sind. Dadurch wurden Sie von einem Bildungssystem getrennt, das alle Westdeutschen durchlaufen mussten: die Fernsehwerbung. Daher warne ich Sie, unseren Atomenergiemüll zum Roten Planeten zu schicken, denn ›Mars … bringt verbrauchte Energie … sofort zurück!‹«

Leider ist nicht nur Grönland vom Global Warming betroffen. Am Ende sind auch wir Menschen dran. In der Tat hat die Wissenschaft gemessen, dass jeder Mensch der neuen Wärme ausgeliefert ist. Die Spuren sind eindeutig. Der Mensch ist nämlich, physikalisch gesehen, ein geschlossenes System. Das gilt für alle Menschen bis auf Pastoren, denn die sind ja für alle offen; auf gut deutsch: nicht ganz dicht. Aber bei allen anderen Menschen ist es nachweisbar, dass sich unser Stammhirn um 0,01 % erwärmt hat. Das Stammhirn ist verantwortlich für die so genannten »F-Funktionen« unseres Lebens. Das sind die Vitalfunktionen, die wir unbedingt zum Überleben benötigen. Aus diesem Grund findet jeder von uns oben auf seiner Computertastatur die »F-Tasten«. Im Stammhirn sind es nur drei F-Funktionen: Fressen, Fortpflanzen, Faterland. Wenn sich aber in einem geschlossenen System wie dem menschlichen Körper eine Erwärmung findet, muss es an einer anderen Stelle eine Abkühlung geben. Und in der Tat: Die Herzinnentemperatur ist in den letzten Jahren um 0,01% gesunken! Früher war das Herz einmal ein Organ aus Feuer, doch wer spürt das noch? Heute wird unser Herz immer mehr zur Eisfabrik. Aus diesem Grund wird es auch kälter in uns, in unseren Beziehungen, in der Gesellschaft, in unserer Welt. Doch vielleicht rettet uns die Erinnerung an das alte lateinische Sprichwort zu Beginn, wenn man es in Gänze zitiert: Tempus fugit (die Zeit flieht) – Amor manet (die Liebe bleibt).

HEILIGABEND

Und es waren Hirten in derselben Gegend auf dem Felde bei den Hürden, die hüteten des Nachts ihre Herde. Und der Engel des Herrn trat zu ihnen, und die Klarheit des Herrn leuchtete um sie; und sie fürchteten sich sehr. Und der Engel sprach zu ihnen: Fürchtet euch nicht!

Lukas 2,8-10

DER Heilige Abend ist der Familienhöhepunkt des Jahres. Wir holen sogar Tante Elsbeth in unser Haus. Tante Elsbeth ist 92 Jahre alt und wohnt im Altenheim »Sanftruh«, ca. 300 Meter von uns entfernt. Zu Weihnachten kommt sie aber zu uns, denn wir haben sie gern, und sie ist unsere Erbtante. Weihnachten ist ja das Fest der Liebe.

Nach dem Frühstück bereite ich das traditionelle Essen vor. Rouladen in Rotweinsauce. Dazu gehe ich in den Weinkeller und baue mein Feldbett auf. Von dort aus probiere ich erstmal, welchen Wein es geben soll. Chianti, Burgunder oder Bordeaux? Während ich mir alles durch den Kopf gehen lasse, holt meine Frau Tante Elsbeth. Unsere Tante hat einen Rollator, der passt nicht in unser Auto. Unser SUV mit Kuhfänger ist ganz neu und soll keine Kratzer bekommen. Also fährt meine Frau ganz langsam neben Tante Elsbeth, während die den Berg hochschiebt.

Zuhause angekommen, habe ich mich schon vom Feldbettnickerchen erholt. Denn zu Mittag gibt es Würstchen mit Heringssalat. Das ist Tradition beim Fest der Liebe. Da Tante Elsbeth nur Schonkost verträgt, haben wir ihr selbstverständlich ein Hipp-Gläschen gekauft. Dann setzen wir sie vor den Fernseher. Sicher freut sie sich, wenn sie »Wir warten auf das Christkind« gucken darf. Ich mache dann Mittagsschlaf und meine Frau sauber.

Nachmittags baue ich den Tannenbaum auf. Leider steht er in der Ecke, wo jetzt Tante Elsbeth sitzt. Also setzen wir sie auf die Terrasse. Natürlich mit einer Wolldecke. Denn beim Fest der Liebe achten wir aufeinander. Wenn die Rouladen durchgeschmort sind, geht es an den Festtisch. Aber zuerst besinnen wir uns zum Christfest mit christlicher Musik. Wir hören vom CD-Player »Last Christmas«. Tante Elsbeth weint leise dabei, vielleicht auch, weil sie mal muss, aber dazu ist jetzt keine Zeit. Rouladen warten nicht! Denn nur am Heiligen Abend, beim Fest der Liebe, werden die Rouladen von mir auf dem Tisch mit Cognac flambiert. Leider bin ich mit dem langen Streichholz an die Haare von Tante Elsbeth geraten. Dass Haarspray so schnell entflammt, hätte sie mir auch vorher sagen können. Und ebenfalls, dass man mit Cognac nicht löschen soll. Nun sieht sie aus wie ein Rauchgoldengel. Aber die Rouladen haben mir trotzdem geschmeckt.

Jetzt kommt die Bescherung. Ich bekomme die Bohrmaschine, die ich schon im November für mich gekauft habe. Und den neuen Pirelli-Kalender. Meine Frau erhält die zur Bohrmaschine passende Kabeltrommel. Tante Elsbeth bekommt die eingepackten Pralinen mit Kirschen in Schnaps vom letzten Jahr. Auch beim Fest der Liebe darf man das Recycling nicht vergessen.

Dann ist der Kirchgang dran. Meine Frau geht immer hin, während ich mich um den Rest des Cognacs kümmere. Tante Elsbeth will nicht mit zur Kirche wegen ihrer Frisur. Meine Frau sagt, ich soll daran denken, dass sie noch mal muss. Aber zuerst muss ich. Mit dem Pirelli-Kalender dauert es ein wenig länger. Dabei bin ich wohl in der stillen Nacht auf dem stillen Örtchen eingeschlafen. Geweckt werde ich vom Türklopfen meiner Frau. Sie ist irgendwie genervt, weil ich zwei Stunden auf der Toilette gewesen bin, und Tante Elsbeth saß derweil auf dem neuen, weißen Wildledersofa. So eine Bescherung. Und das am Fest der Liebe. Ich bin erschüttert. Zur Strafe (denn Pädagogik muss sein) schiebt Tante Elsbeth mit dem Rollator allein zurück durch die Nacht der Nächte.

Alles in allem war es wieder ein wundervoller Heiliger Abend im Kreise der lieben Familie. Doch man kann ihn noch verbessern. Nächstes Jahr sitzt Tante Elsbeth auf einem Holzstuhl.

KOCHEN MIT RAINER

Besser ein Gericht Kraut mit Liebe
als ein gemästeter Ochse mit Hass.

Sprüche 15,17

MEINE Frau begrüßte mich strahlend in der Haustür. »Der NDR hat angerufen. Die wollen kommen und filmen, wenn Du bei uns mit Rainer Sass kochst. Ist das nicht toll?« Ich war baff und rief erstmal zurück. Ein Mann vom NDR war durch mein Kabarettisten-Dasein auf mich aufmerksam geworden. »Himmel und Erde«, sagte er, »das wäre doch ein tolles Gericht für einen lustigen Pastoren, der mit Rainer kocht.« Ein Termin wurde festgelegt und dann ging es los. Zuvor hatte meine Frau für das Filmteam das ganze Pfarrhaus vom Keller bis zum Dachboden gefegt, gestaubsaugt, gewischt und gefeudelt. Für das Fensterputzen haben wir uns sogar einen teuren Fachmann bestellt. Am Ende blinkte und blitzte die Wohnung bis in die hinterste Ecke unseres Heizungsraumes.

Der große Tag kam und der große Rainer auch. Als der Herrgott die Körperlängen festlegte, hat er bei Rainer nicht gespart (im Unterschied zu mir). Auch das Fernsehteam vom NDR hatte eine gewisse Größe: acht Leute. Für Maske, Beleuchtung, Kamera, Ton, Regie und eine speziell ausgebildete Mineralwasserträgerin für Rainer. Das Pfarrhaus war voll. Als Erstes klebten die Jungs mit den Kameras die jüngst und eigens gereinigten Fensterscheiben mit blau-grauer Folie zu. Meiner kreischenden Frau erklärten sie: »Echtes Licht stört beim Dreh!« Dann wurden meine Frau, ich und Sam, unser Golden Retriever, in die Maske geschickt, die sich – ohne zu fragen – in unserem Schlafzimmer breit gemacht hatte. Meine Frau bekam Lipgloss verpasst; mir strich man ein Pfund Anti-Schweiß-Puder an die Stirn und dem Hund malten sie dunkle Schuhcreme auf die Schnauze, damit diese im Fernsehen echt schwarz aussieht. Fernsehen ist Fiktion, das hatte ich jetzt schon gelernt. Fast wie bei Kirchens.

Nun kam die Besprechung mit Rainer. Er blickte von oben auf mich herab, so wie man sich als Kind ein Gespräch mit dem Herrgott vorstellt. Es war ganz deutlich: Er hatte hier das Sagen. Kaum zu glauben: Er ist dabei ein wirklich sympathischer Kerl.

Zunächst wollte er einen Auftakt in der Kirche drehen, denn da stünde schon seit einer Stunde ein weiteres Team zum Dreh bereit (was ich nicht wusste). Also, auf zur Kirche, wo wir einen entnervten Küster antrafen, der seit einer Stunde zusehen musste, wie seine Kirchenfenster (aus bekannten Gründen) zugeklebt wurden. Danach ging es zu einem weiteren neuen Drehort: der örtliche Supermarkt. Der freundliche Ladenbesitzer machte gute Miene zum ungewohnten Fernsehspiel. Zwischen Nudeln und Bananen standen Fernsehleuchten. Rainer und ich fuhren zehnmal mit dem Einkaufswagen an der Fleischtheke vorbei, verfolgt von Kamera- und Tonleuten. Viermal musste die Kassiererin am Ende der Nerven mit Rainer das Bezahlen nachspielen. Mittlerweile hatte sich die Aktion in Buxtehude herumgesprochen und fast die ganze Gemeinde füllte den Supermarkt. Neben dem Drehen gab Rainer Autogramme, stand für Handy-Fotos zur Verfügung und trank sein hinter ihm her getragenes Mineralwasser. Ich stand auch da und blickte auf die Uhr. Seit drei Stunden waren wir nun unterwegs, aber noch kein bisschen hatten wir gekocht. Das sollte nun folgen.

Zurück im Pfarrhaus, zeigte meine Frau erste autistische Anzeichen. Sie drehte alle zwei Minuten mit den Fingern in ihren Haaren herum, sodass die Filmfriseurin sofort wieder aufsprang und nachkämmte. Auch ich wurde ständig und überall (bis auf den Popo) nachgepudert. Nur Sam, unser Hund, lag auf seinem Kissen und freute sich, dass die beiden Beleuchterinnen ihn abwechselnd kraulten. Mich kraulte keine. Dafür ging es jetzt endlich an die Töpfe. Unsere kleine Pfarrhausküche ist für drei Personen ausgelegt. Nun waren wir mit sieben Leuten dabei. Die Beleuchterinnen standen auf Leitern und der Tonmann hockte auf dem Bistrotisch. Der Regisseur hatte es sich neben dem Kühlschrank auf der Bierkiste gemütlich gemacht. Ich wusste nicht, dass Regisseure soviel Bier in kürzester Zeit trinken können. Die Mineralwassertragefrau kauerte in der Ecke, Rainer und ich standen am Herd. Endlich hieß es: »Film ab!«

Wir schälten Kartoffeln, wir kochten Kartoffeln, wir gossen Kartoffeln ab, wir stampften Kartoffeln. Wir kochten Butter solange, bis sie braun wurde, und gossen sie durch einen Kaffeefilter ab. Rainer sagte: »Das ist das Olivenöl des Nordens!« Dann: Sahne und Milch erhitzen, erkalten lassen und mit Haut (bäh!) zu dem Kartoffelstampf geben. Dann mussten die Äpfel dran glauben und Blutwürste zogen im heißen Wasser gar. Mit den ganzen Filmeinstellungen musste jeder dieser Vorgänge mindestens dreimal gemacht werden. Aufwand ohne Ende, der dadurch noch aufwändiger wurde, dass nach jedem einzelnen dieser Kochmomente Interviews über das Geschehene im Pfarramtszimmer gedreht wurden.

Nach zehn Stunden war alles geschafft. Wir saßen am Tisch, den meine Frau fünf Stunden lang unter Kamerabegleitung gedeckt hatte (seitdem hat sie nervöse Zuckungen, wenn sie an den NDR denkt), mit geschminkten Gästen, und Rainer war glücklich. Ich auch. Das Fernsehteam bekam nichts zu essen, baute dafür aber alles derart ab, dass man nichts mehr vom langen Drehtag bemerkte.

Dann kam der Termin der Sendung. Wir luden die Nachbarn ein, die uns nach dem Drehtag noch freundlich gesonnen waren, und guckten gemeinsam. Und siehe da: Es sah alles so natürlich aus. Über eine halbe Million Menschen guckten damals die Erstausstrahlung; die Wiederholung im darauf folgenden Jahr sogar über eine Million. Zu Gast im Pfarrhaus beim Kochen mit Rainer. Himmel und Erde. Nur unser Hund ist auf der Erde traurig zurückgeblieben. Nie wieder hatte er eine solch schöne schwarze Schnauze. Es tröstet ihn nur der Gedanke, dass wir demnächst wieder einmal »Himmel und Erde« kochen, denn davon bekommt er immer ein Stückchen nach folgendem Rezept (für 4 Personen) ab:

4 säuerliche Äpfel
1 Zwiebel
30 g Butter
0,1 l Weißwein
0,1 l Apfelsaft
1 EL Honig
1 Scheibe Ingwer
1 Stange Zimt
1 Zehe Knoblauch
1 (Bio-) Zitrone
1 kleine frische Chili-Schote

Die Äpfel schälen, teilen und das Kerngehäuse entfernen, anschließend das Fruchtfleisch in mundgerechte Stücke schneiden. Die Zwiebel enthäuten und in feine Lamellen teilen. Die Chili-Schote aufschlitzen und die Kerne entfernen. Die Zitrone waschen und ein fingerlanges Stück Schale abschneiden. Von der Knoblauchzehe nur die Haut entfernen. Butter in einem Topf erhitzen, die Äpfel und Zwiebeln darin ohne Farbe andünsten. Nun Saft und Wein (wer keinen Wein mag, verdoppelt den Apfelsaftanteil) sowie Chili, Zimtstange, Knoblauch, Zitronenschale und Ingwer hinzufügen. Alles bei schwacher Hitze und ohne Deckel etwa zehn bis 15 Minuten offen köcheln lassen. Vom Herd nehmen und die Gewürze entfernen.

1 kg mehlig kochende Kartoffeln
¼ l Milch
¼ l Sahne
100 g Butter

Salz
Muskatnuss

Die Kartoffeln schälen und in Salzwasser garen, abgießen und ausdampfen lassen. Die Butter in einem Topf erhitzen, bis sie flüssig und leicht braun wird, zudem ein nussiges Aroma bekommt. Durch ein sehr feines Sieb oder Kaffeefilter gießen, dabei Molke und Röstelemente auffangen. Sahne und Milch in einem weiteren Topf erhitzen und um ein Drittel einkochen lassen. Die Kartoffeln durch eine Presse drücken und zunächst mit der Butter verrühren. Nach und nach die Sahne-Milch-Mischung unterrühren und mit einem Schneebesen kräftig und luftig aufschlagen. Mit Salz und Muskatnuss abschmecken. Das Püree lässt sich gut vorbereiten: Nach der Zubereitung einfach etwas Milch-Sahne-Mischung auf die Oberfläche gießen und das Püree in den warmen Backofen stellen. Vor dem Servieren das Püree mit der Flüssigkeit wieder aufschlagen, dabei gegebenenfalls kurz erhitzen.

8 kleine Leber- oder Blutwürste
1 Zwiebel
2 Lorbeerblätter
Salz

Die Zwiebel mit der Schale vierteln, mit den Lorbeerblättern und etwas Salz ins Kochwasser geben. Die Würste hinzufügen und bei niedriger Hitze zehn bis 15 Minuten im Sud ziehen lassen.

Das schmeckt nicht nur dem Hund!

HELDEN DER KINDHEIT

Als ich ein Kind war, da redete ich wie ein Kind und dachte wie ein Kind und war klug wie ein Kind; als ich aber ein Mann wurde, tat ich ab, was kindlich war. Wir sehen jetzt durch einen Spiegel ein dunkles Bild; dann aber von Angesicht zu Angesicht. Jetzt erkenne ich stückweise; dann aber werde ich erkennen, wie ich erkannt bin.

1. Korinther 13,11-12

MIT der Fernbedienung in der Hand sitze ich vor dem Fernseher. Es ist nicht zu glauben: 748 Programmkanäle und nirgendwo läuft etwas Vernünftiges. Wehmütig denke ich an meine Kindertage zurück. Mitte der 60er Jahre bekamen wir unser erstes Fernsehgerät, so groß wie eine Waschmaschine. Es verfügte über drei Programme: Erstes, Zweites und ein verschwommenes Drittes. Farb-TV war noch nicht erfunden. Dafür brachte mein Vater hinter dem Gerät eine blaue Fernsehleuchte an, die man vor dem Anschalten anknipsen musste, »damit man sich nicht die Augen verdirbt«. Bei dem Mist, den wir heute zu sehen bekommen, müsste mein Vater ca. 100 Fernsehleuchten mit Blaulicht anbauen. Als Kind durfte ich selbstverständlich nicht alleine den Fernseher einschalten. Die schwere Bakelittaste hätte ich auch gar nicht eindrücken können. Das machten meine Eltern, die bestimmten, was ich sehen durfte. Erlaubt waren für mich: Fury, Lassie, Daktari und Flipper. Ich habe alle Flipperfolgen gesehen und bin seither der einzige Pastor Norddeutschlands, der sich fließend mit Delphinen unterhalten kann.

Ab und zu durfte ich als Kind nach dem samstäglichen Bade im Pyjama mit meinen Eltern den Anfang von »Erwachsenensendungen« sehen. Das waren Momente der Bescherung, wie sie sonst nur am Heiligen Abend passieren. Unvergessen ist für mich Hans-Joachim Kulenkampff, wenn er seine Show »Einer wird gewinnen« eröffnete. Er war immer so elegant gekleidet und konnte richtig lustige Witze erzählen. Nach einer viertel Stunde musste ich dann in's Bett. Am nächsten Morgen erzählte mir meine Mutter, wer gewonnen hat. Sie sah dabei meist verschlafen aus, denn Kulenkampff durfte damals noch ungehindert zwei bis drei Stunden überziehen. Dann kam das »Wort zum Sonntag« wirklich einmal am Sonntag (so gegen 0.30 Uhr). Über diese Kirchensendung mache ich keine Witze, denn sie hat sich seit damals in keinster Weise verändert. Sie erfüllt immer noch die zwei Zwecke, zu denen sie einst erschaffen wurde. Erstens: Sie gibt den Zuschauern die Möglichkeit, ihre Distanz zur Kirche erneut zu bestätigen. Zweitens: Sie gibt den Zuschauern die Möglichkeit, Bier zu holen und zur Toilette zu gehen, bevor der Spätfilm anfängt. Neben Kulenkampff habe ich natürlich Rudi Carrell in Erinnerung. Als Jugendlicher durfte ich schon die ganze Sendung mit ansehen. Am Besten fand ich »Am laufenden Band«, bei der am Ende der Sieger sich möglichst viele Preise merken musste, die auf einem Laufband an ihm vorbeizogen. Meine Mutter spielte dabei immer vom Wohnzimmer aus mit und rief dem Sieger im Fernseher zu: »Nimm das Fragezeichen! Nimm das Fragezeichen! Lieber Gott, lass ihn das Fragezeichen nehmen!« Was Gott mit dem Fragezeichen, hinter dem sich ein Überraschungsgewinn verbarg, zu tun hatte, habe ich nie begriffen, auch später nicht im Theologiestudium. Dann war da noch Wim Thoelke mit »Der große Preis«. Viele guckten die Show aber nur wegen

Wum und Wendelin, die Loriot gezeichnet hatte. Wenn Wum aus dem Off sein langgezogenes »Thoeeeeeeeelke« rief, dann war der Höhepunkt der Sendung erreicht. Meine Großeltern standen mehr auf Vico Torrianis »Der goldene Schuss« sowie auf Hans Rosenthal mit »Dalli Dalli«. Ähnlich wie meine Mutter versuchte sich hier meine Oma im Vorsagen, doch auch hier nutzte es nichts.

Alle diese Sendungen gibt es nicht mehr. Andere haben auch das Zeitliche gesegnet, allerdings haben sie sich zuvor transformiert. Berühmtes Beispiel dafür ist »Der Kommissar«, der sich später zu »Derrick« entwickelte. Wenn Erik Ode mit seinen vier Helfern auf Mörderjagd ging, wobei unzählige Zigaretten geraucht sowie Unmengen Bier, Schnaps und Rotwein getrunken wurden, hing ganz Deutschland am Fernseher, nur ich durfte das wieder nicht sehen. Aber in meinem Bett hörte ich die berühmte Titelmusik, die mich immer ganz aufgeregt machte. Nach etlichen Folgen ist dann ein Assistent vom Kommissar ausgeschieden. Harry Klein (gespielt von Fritz Wepper) wechselte im Film zu einem anderen Kommissar namens Derrick, für den er dann immer das Auto holen durfte. Den Weggang vom »Kommissar« hat ihm ganz Fernsehdeutschland nie verziehen. Das kulturelle Gedächtnis ist bei uns doch stärker ausgeprägt, als man gemeinhin meint. Ich bemerke dieses Gedächtnis bei mir, wenn ich an Mario Adorf denke. Einmal habe ich ihn persönlich bei einem Kabarettauftritt in Berlin kennengelernt, doch ich habe ihm mit Absicht nicht die Hand gegeben. Ich habe nicht vergessen, dass er 1963 im Film »Winnetou I« als Frederick Santer Nscho-tschi, die Schwester von Winnetou, erschossen hat. Mord verjährt nicht, besonders nicht in einer Kinderseele wie der meinen. So muss Mario Adorf nun ohne meinen Händedruck sein armseliges Leben weiterleben. Old Shatterhand kann vergeben, ich nicht.

Nur eine Sendung hat überlebt durch permanente Anpassung an die Moderne:»Aktenzeichen XY ungelöst«. Ab 1967 sah man im Schwarz-Weiß-Format Eduard Zimmermann, der aussah wie mein gestrenger Schuldirektor in Jesteburg. Auch diese Sendung war noch nichts für mich (fanden meine Eltern, die sich jede Folge ansahen). Doch durch das Schlüsselloch meines Kinderzimmers bekam ich so allerhand mit. Meine Güte, das war gruselig. Eduard Zimmermann zeigte Phantomfotos von Verbrechern, die noch wie wirkliche Verbrecher aussahen. Echt fiese Typen. Und dann erst die kleinen Filmchen, in denen ein Raub oder gar ein Mord nachgestellt wurden. Gänsehaut ohne Ende. Diese Sendung gibt es bis heute.»Verbrecher-Ede« ist bereits verstorben. Heute moderiert Rudi Cerne, denn in der heutigen Welt kennt sich ein Sportreporter bestens mit Verbrechen aus. Aus der Sendung ist eine moderne Show geworden. So gibt es Rätsel, bei denen die Zuschauer anrufen können, um einen Preis zu gewinnen. *»Sie sehen gleich drei Fotos von Frauen, von denen eine ermordet wurde. Handelt es sich a) um die Frau mit dem Terrier, b) um die Frau mit dem roten Kleid oder c) um die Frau, die 20.000 Euro offen in ihrem Einkaufskorb herumträgt? Bitte rufen Sie an. Sie können ein Lederportemonnaie gewinnen.«* Moderne Zeiten, modernes Format. Das Studio sah früher wie eine deutsche Amtsstube aus, heute wirkt es wie ein halogenlichtes Weinbistro mit Stehtischen. Es fehlt nur noch das Fernsehballett, das den Gefangenenchor aus Nabucco tanzt, während Sido rappt oder Xavier Naidoo winselt.

Unverändert sieht man immer noch die Filmchen mit den nachgestellten Verbrechen. Ebenfalls unverändert ist dabei die Stimme aus dem Off; die Hintergrundstimme, die den Verlauf der Tat sonor und gefühlskalt beschreibt. Das Gänsehautgefühl kommt bei mir immer wieder, wenn ich eine solche Beschreibung höre: *Lüneburg. Eine kleine Stadt vor den Toren Bardowicks. Es ist Samstag, der 25. Mai 1997. Die gehbehinderte Rentnerin Hertha B. geht gegen 23 Uhr durch die Bäckerstraße. Sie macht eine Beobachtung, die für den weiteren Fall von großer Wichtigkeit ist. Sie schaut sich um und sieht: Niemand. Noch kann Hertha B. nicht wissen, dass eine Stunde später im nahen, stillen Örtchen Reppenstedt ein Igel von einem Personenkraftwagen angefahren wird. Der Unfallverursacher beging Fahrerflucht. Der Igel verstarb noch am Unfallort. Deshalb die Frage: Wer hat am 25. Mai 1997 in Lüneburg Niemand gesehen. Besonders wenden wir uns an die Fahrgäste des Nachtbusses 23 Lüneburg – Reppenstedt. Ist Ihnen auf der letzten Fahrt Niemand aufgefallen? Bei sachdienlichen Hinweisen wenden Sie sich bitte an das Polizeirevier in Lüneburg.*

Da ist es wieder: das Gänsehautgefühl. Auch in der modernen Aktenzeichen XY-Version werden dann die Außenstellen befragt. Die Außenreporter sehen tatsächlich immer noch so aus wie früher, als Eduard Zimmermann in Wien Peter Nidetski und in Zürich Konrad Toenz kontaktierte. Offenbar gibt es damit erste sachdienliche Hinweise auf erfolgreiches Klonen von Außenreportern. Nach der Sendung löst sich meine Gänsehaut wieder in Wohlgefallen auf. Eines habe ich gelernt: Wenn wieder einmal ein Schuldiger gesucht wird, dann ist es am Ende immer Niemand. Denn Niemand kann mir sagen, warum es bis heute keine Nachfolger für die Helden meiner Kindheit gibt.

NACHWORT ALS NISCHENKIND

Lehre mich tun nach deinem Wohlgefallen, denn du bist mein Gott; dein guter Geist führe mich auf ebner Bahn.

Psalm 143,10

IN der Biologie kennt man den Begriff der »ökologischen Nische«. Pflanzen und Tiere nutzen diese für ihr Leben und Überleben. Ein schönes Beispiel sind die Buschwindröschen. Sie blühen im Frühjahr im Wald, wenn die Bäume ihr Laubdach noch nicht über ihnen geschlossen haben. Buschwindröschen sind clever! Hier ist der Ort und jetzt ist die Zeit zum Blühen und Wachsen! Und sie nutzen ihre Möglichkeiten.

Ich bin auch ein Nischenkind. Zeit meines Lebens haben sich immer wieder Möglichkeiten aufgetan, in denen ich leben und überleben konnte. Es begann allerdings nicht wie bei den Buschwindröschen im Frühling, sondern im dunklen Dezember 1961. Am 14. Dezember wurde ich geboren, obwohl ich mich weigerte. Im Bauch meiner Mutter war es doch so schön. Also legten die Ärzte meiner Mutter ein Teesieb mit äthergetränkter Watte auf die Nase, und während sie selig schlief, holte man mich mit einer Zange an das Licht der Welt. Seitdem habe ich eine Vorliebe für technische Lösungen. Während andere Pastoren den Elektro-Notdienst anrufen, weil eine Glühbirne gewechselt werden muss, mache ich das immer noch selbst. Die Geburt prägt. Das Aufwachsen geschah in Jesteburg, Seevekamp 127, bei meinen Eltern und Großeltern. Es war eine schöne Kinderzeit, denn ich war allein. Auf deutsch: Ich habe keine Geschwister. Noch deutlicher: Ich bin ein Einzelkind. Jetzt seufzen alle klassischen Psychologen, die partnerzentrierten Psychologen, die klinisch-seelsorgerischen Psychologen und die systemischen Psychologen. Denn für diese Psychotypen gehört ein Einzelkind entweder in die Klapse oder in den Knast. Ich habe mich stattdessen für die Kirche und das Kabarett entschieden. Bis dahin war es aber noch ein langer Weg.

Vier Monate älter als ich war Petra. Sie war das erste Kind der ältesten Freundin meiner Mutter (Tante Gisela), die am Ende unserer Straße wohnte. Petra war ein Wirbelwind und warf mich des öfteren im Sandkasten um. Seitdem finde ich Frauen umwerfend. Die Nachmittage mit ihr versuchte ich zu überstehen in der ökologischen Nische der Rockfalten meiner Mutter. Doch selbst da hat Petra mich gefunden. Dann kam die Einschulung. Meine Nische war ein Platz im Klassenzimmer ganz hinten neben Detlef, meinem Freund. Wir trafen uns täglich auf dem Schulweg. Detlef hatte zwei größere Brüder, von denen einer eine Schmalfilmkamera hatte und Szenen von der »Raumpatrouille Orion« nachdrehte. Auf dem Weg zurück kauften wir uns für 20 Pfennig eine Rumkugel und waren satt und glücklich. Nur Oma war nicht glücklich, weil ich schon wieder appetitlos am Mittagstisch saß.

Pünktlich zu meiner Einschulung 1968 wechselte die Regierung in Bonn. Nun war Willy Brandt der neue Kanzler. Mit Willy gab es zwei Neuerungen in meinem Leben.

Zum einen (das war allerdings ein ökologischer Nischenzufall) kam ein ALDI-Markt in das nahegelegene Buchholz. Das bedeutete Pfirsiche in Dosen für alle! Jeden Sonntag gab es die! Willy sei Dank. Leider gab es dann auch jeden Sonntag Streit, weil mein Vater die leeren Dosen unbedingt behalten wollte. Als Flüchtlingskind konnte er Dinge nicht mehr wegschmeißen, denn vielleicht kann man die Dosen noch für irgendwas gebrauchen. Da kann man Nägel, Schrauben, Muttern, Gummibänder oder Zigarettenkippen rein tun. Die zweite Willy-Neuerung war weitaus folgenreicher für mich. Herr Brandt sagte nämlich, dass auch Arbeiterkinder zum Gymnasium gehen sollten. Dieser Satz hat meine Eltern tatsächlich ermutigt, dem Rat meiner alten Grundschullehrerin Frau Kienert zu folgen, mich beim Gymnasium in Buchholz anzumelden. Von einem Tag auf den anderen wurde ich also Gymnasiast und Schulbusfahrer. Wer jahrelang den Schulbus überlebt hat, ist für das Leben besser gerüstet als jeder Soldat nach der Grunddienstzeit. Im Schulbus als Nische lernt man mit Verspätungen umzugehen, mit kreischenden Mädchen und dem Geruch von Schweiß und Buttersäure. Man lernt, im engsten Gedränge Skat zu spielen und Juckpulver in Hemdkragen zu streuen. Und das alles ohne Handy! Das Überleben am Gymnasium war nicht leicht, vor allem für meinen Freund Detlef. Zwei cholerische Lehrer machten ihm derart zu schaffen, dass er es nicht durchgehalten hat. Nach stetem pädagogisch wertvollem Anschreien habe ich ihn oft in das Krankenzimmer begleitet, weil während des pädagogisch erforderlichen Anbrüllens immer häufiger sein Kreislauf wegbrach. Das Gymnasium war unter diesen Bedingungen nicht seine ökologische Nische.

Mich tröstete auch nicht der zeitgleich beginnende Konfirmandenunterricht. Der war so unfassbar, dass ich – aus rechtlichen Gründen, denn sonst werde ich noch verklagt – darüber den Mantel des Schweigens und der Glaswolle legen möchte. Doch zum Glück gab es noch einen zweiten Pastor im Dorf, der einen Jugendkreis anbot. Detlef war auch da und so ging ich mit. Dort konnten wir über Dinge reden, die sonst nicht zur Diskussion standen: Atomkraft – Nein Danke; die Baader-Meinhof-Bande; Sex vor der Ehe (was auch immer das war). Ich lernte dort neue Spiele kennen: Kniffel und Provopoly. Ich aß die ersten, wirklich langen Spaghetti und fuhr 1977 zu meinem ersten Kirchentag nach Westberlin. Meine kleine Nische erweiterte sich und so wurde der Keim zum späteren Beruf gesät und begossen.

Das Leben entwickelte sich weiter und dank der BRAVO-Lektüre verstand ich allmählich auch das eine und das andere. Während ich früher überlegte, warum man als Junge nicht ein Mädchen hauen darf, überlegte ich jetzt, wie man sie zum Händchenhalten überreden konnte. Auf dem Raucherhof der Schule hatte sogar Holger seine Ulrike geküsst. Mit Zunge! Da mussten die beiden noch zum Direktor kommen. Das ökologische Nischenliebesleben war in den 70ern eben etwas Besonderes und mit dem heutigen nicht zu vergleichen. In der Badeanstalt (was für ein schönes Wort!) guckte ich den Mädchen im Bikini hinterher und merkte, dass ich etwas merkte. Ich bin heterosexuell, und das ist auch gut so. Das meint heute auch mein allerbester Freund, und der ist schwul. Und das ist *auch* gut so.

Erst mit der Oberstufe auf dem Gymnasium betrat ich die Nische, in der ich mich so richtig wohl fühlte. Als Erstes wählte ich das doofe Französisch ab! Das Einzige, was ich bis heute an Frankreich schätze, sind die Weine, der Käse und das echte Baguette. Damals hätte ich gerne die französischen Austauschschülerinnen geschätzt, wenn sie nur nicht diese blöde Sprache gesprochen hätten und auch nicht Englisch reden wollten, obwohl sie es konnten. So blickte ich dann mit wehem Herzen zu meinen Mitschülerinnen. Außer im Freibad gelang das nur bei Klassenfeiern und auf Partys. Jeder brachte dazu seine neuesten Langspielplatten mit. Deep Purple, Supertramp, T-Rex, Cat Stevens (für die Mädels) und Kraan (für die ganz Coolen). Engtanz war angesagt und der erste Alkohol, wenn man von Martina oder Babs eine Abfuhr bekam. Neben Cola-Rum und Apfelkorn war bei den Mädchen Persico beliebt: das einzige Getränk mit Kopfschmerzgarantie. Mir schmeckte das alles nicht so recht und ich blieb in meiner Cola-Nische, auch wenn das nicht so gut ankam. Eine Partynische entdeckte ich allerdings mit meinem Freund Wolfgang. Der konnte Gitarre spielen. Wenn er spielte, dann wurde er immer von den Mädchen angehimmelt. Dabei hatte er sich das Spielen selbst beigebracht. Das hat mich fasziniert, und auch ich versuchte mein Gitarrenglück. Wolfgang verkaufte mir seine alte Klampfe und zeigte mir die Griffe, die man für »Lady in black« braucht. Ich lernte den Text nach der Aufnahme auf dem Kassettenrecorder, die ich bei der »Internationalen Hitparade« mit Wolf Dieter Stubel im NDR aufgenommen hatte. Der Erfolg bei der nächsten Party war enorm. Wolfgang kündigte mich an, ich habe gespielt, und Wolfgang knutschte mit den Mädels.

Etwas besser angekommen bin ich daraufhin in der Theater-AG der Schule. Die Leiterin Frau Bacher sprach mich direkt an, ob ich nicht mitmachen wolle. Es war das erste Mal im Leben, dass jemand mich – wirklich mich! – wollte! Noch heute kann ich das Herzklopfen und die Gänsehaut fühlen, denn in der Theater-AG spielten nur die Besten der Besten der Schule (was ich notenmäßig nicht war) und die Schönsten der Schönen (was ich pubertätsbedingt auch nicht war). Doch sie machte mich zum »Kleinen Prinzen« von Saint-Exupéry, zum Pastor (!) im »Haus von Montevideo« von Curt Goetz und zu Kreon in der »Antigone« von Jean Anouilh. Die Bühne als ökologische Nische erlebte ich dort für mich. Aufführungen mit jeweils 400 Zuschauern, die frenetisch klatschten. Zeitungsartikel, die selbst mich in meinen Rollen lobten, sodass meine Mutter die Berichte ausgeschnitten hat. Eine Gage zur Taschengelderhöhung gab es natürlich nicht, aber ich lernte, was Applaus bedeutet.

Apropos Geld: Anfang der 70er Jahre kam die große Baukrise und mein Vater wurde arbeitslos. Ich war gerade auf dem Gymnasium angemeldet und unser Haus war nagelneu und mit vielen Schulden versehen. Eine Woche nach seiner Kündigung fand mein Vater (typisch für seine Generation!) eine neue Anstellung im Hamburger Hafen. Kein Traumjob, aber Geld musste ja her. Mir wurde bedeutet, dass ich ab der nächsten Woche Zeitungsjunge würde. Es gäbe da noch eine offene Tour, die kein anderer haben wollte: jeden Tag elf Kilometer im Jesteburger Waldgebiet mit 50mal Hamburger Abendblatt, 50mal Harburger Anzeigen und Nachrichten und zweimal die WELT. Das ergab

130 Mark im Monat, die ich zu Hause ablieferte, nur das Trinkgeld durfte ich selbst behalten. Damals – wer kann sich noch erinnern? – wurde das Zeitungsabo monatlich in bar an der Haustür abkassiert. Ich merkte schnell, dass man mit einer Mischung aus Höflichkeit und Freundlichkeit die Trinkgeldmenge erhöhen kann. Also: Mütze vom Kopf, wenn die Tür geöffnet wird (bloß nicht schon vorher, dann sieht es ja keiner), sich höflich bedanken, auch wenn es nur einen Groschen extra gab. Auf den langen Strecken zwischen den Waldvillen las ich auf dem Fahrradlenker die Titelseiten und lernte viel dabei. Im neuen Fach »Sozialkunde« konnte ich von nun an richtig punkten, ebenfalls in meinem späteren Abiturfach »Gemeinschaftskunde« (wieder so schöne, ausgestorbene Worte).

Danach ging alles ganz schnell. Der pastorale Berufswunsch stand fest und mit dem Abi in der Hand ging es zur Immatrikulation. Dass ich zuvor bei der Musterung war und wegen meiner Körpergröße als U-Boot-Matrose oder Panzerfahrer begutachtet wurde, aber wegen des anstehenden Theologiestudiums unbrauchbar zum Wehreinsatz war, soll doch erwähnt sein. Meine neue Nische hieß jetzt: Studium in Hamburg. Wegen Geldmangel wohnte ich noch zu Hause bei den Eltern. Das bedeutete: jeden Tag 90 Minuten Fahrt zur Uni und 90 Minuten wieder zurück. »So mancher macht seinen Doktor in der Bahn«, so lautete damals eine Bahnwerbung, als die Bahn sich noch traute, Werbung für sich zu machen. Tatsächlich habe ich ein treffliches Examen abgeliefert, denn jeden Tag hatte ich drei Stunden Zeit, um Vokabeln in Griechisch und Hebräisch, Daten aus der Kirchengeschichte und Zitate von

Luther & Co. auswendig zu lernen. Zum Glück gab es noch kein ablenkendes Smartphone. Vielleicht habe ich während meines Nomadentums mehr in der S-Bahn gelernt als in der Universität.

Zum Studium gehört das Studentenleben. Dank netter Kommilitonen gab es hier wieder viele neue Nischen zu entdecken: mit Freimut, der auf St. Pauli über dem »Silbersack« wohnte und mir die leichten Mädchen auf der Straße mit Vornamen vorstellte; mit Anne, die so hervorragend kochen konnte, dass es Jahre dauerte, bis ich mich selbst an die Töpfe traute; mit Gabriele und langen Gesprächen bei »Di Mario« auf St. Georg. »Jeder Mensch ist ein eigenes Universum«, sagte der Philosoph Demokrit, und so langsam lernte ich die Wahrheit seines Satzes. Dann kam das langersehnte Erste Examen. In einer kirchlich auferlegten Wartezeit (es gab einmal Pastorenüberschuss!) begann ich mit meiner Dissertation. Der hochangesehene Lutherforscher Professor Dr. Bernhard Lohse fragte mich, ob ich bei ihm promovieren möge. Wie bei Frau Bacher im Gymnasium: Gänsehaut pur.

Dann kam ich in das Vikariat in Nienburg an der Weser. Bei Pastor Holze lernte ich die Feinheiten und Grobheiten des Pastorenlebens in allen Aspekten kennen. Dafür bin ich ihm bis heute dankbar. Wie bewältigt man sieben Beerdigungen in zehn Tagen, bei denen es ständig regnet? Darf man beim Geburtstagsbesuch um 11 Uhr das zweite Stück Sahnetorte ablehnen? Wie geht man mit dem angebotenen selbstgemachten Eierlikör um? (»Der hat schon drei Jahre in der Flasche gereift!«) Mit welchen Ausreden kann man eine Pfarrkonferenz schwänzen? Wie fertigt man eine gute Predigt an? Eine Frage, die mir bis heute nachgeht. Es folgte ein Jahr im Predigerseminar Kloster Loccum. Dass ich später selbst einmal dort der »Chef« sein würde, hätte ich mir nicht denken können, aber der liebe Gott tut nichts als fügen, auch wenn wir nicht alle seine Fügungen verstehen. Das Jahr im Seminar rauschte nur so vorbei, doch trotz eines guten zweiten Examens wollte ich noch nicht gleich in das Pfarramt. Ich träumte von einem Extra-Jahr im Kloster; vielleicht könnte ich ja dem greisen Bibliothekar Berneburg auf seine alten Tage helfen und dabei meine Dissertation in Ruhe zu Ende schreiben. »Gute Idee«, meinte mein damaliger Direktor namens Jürgen Johannesdotter. Ich fuhr also fröhlich zum Landeskirchenamt nach Hannover zum Ausbildungsdezernenten und stellte meine »gute Idee« vor. Doch dann passierte etwas, das ich nicht ahnen konnte. Es war so, als würde ich mit vollem Schwung gegen eine Glastür rennen! Noch niemals in meinem Leben bin ich so fertig gemacht worden wie an diesem Tage. Niemals vorher und niemals danach habe ich so etwas Menschenverachtendes erlebt. »Herr Schlicht, was fällt Ihnen eigentlich ein? Sie haben in der Kirche gar nichts zu entscheiden. Wir entscheiden, was Sie machen. Und wer sind Sie überhaupt? Wenn Ihr Vater ein Pastor wäre, das wäre ja noch ein Argument. Aber Ihr Vater: Bauarbeiter! Vergessen Sie das mit dem Extrajahr und der Dissertation! Sie kommen mit Ihrer Note sofort in das Pfarramt!« Mein einziger Wunsch war in diesem Moment: »Nur schnell raus hier!« Draußen habe ich dann geheult, was bei mir selten vorkommt. Am Kröpcke rief ich meinen Direktor in Loccum an. Der sagte, ich solle erst einmal wieder zu ihm kommen, dann sähen wir weiter. Als ich bei ihm an die Tür klopfte, saß er dort mit dem Abt Eduard Lohse. Beide entschuldigten sich für das, was ich erlebt hatte! Noch am selben Tag teilten sie mir mit, dass ich mein Extra-Jahr im Kloster bekommen sollte. Kirche kann manchmal janusköpfig sein. Doch was die beiden Herren für mich getan haben, werde ich mein Leben lang nicht vergessen.

Nach erfolgreicher Dissertation ging es dann in die Nische des ersten Pfarramtes: Bardowick, Pfarramt Nr. 3, Vögelsen-Mechtersen. Ich trat nicht allein in den Dienst, sondern zusammen mit einem anderen jungen Kollegen. Jürgen und ich ersetzten zwei Pastoren, die sich – mit ihren jeweiligen Fans in der Gemeinde – wie die Kesselflicker gezofft hatten und endlich von der Landeskirche zur Versetzung freigegeben wurden. Als »die Neuen« betraten wir also vermintes Gebiet. »Wir haben nichts gegen Sie, aber leider sind Sie nicht der frühere Pastor. Deshalb machen wir nicht mehr mit.« Damit muss man leben können. Doch auch in jeder Kirchengemeinde gibt es wieder neue ökologische Nischen. Aufgaben, die in den vorhergehenden Kriegszeiten nicht gesehen wurden, konnten nun angegangen werden. Jugendarbeit, eine neue Seniorenarbeit (bei denen die Senioren die Themen bestimmen und nicht immer nur die Urlaubsdias vom Pastor angucken müssen), Arbeit mit behinderten Kindern. Langsam kam die Gemeinde wieder in Schwung. Ich auch. Denn neben der Gemeindearbeit war da die wachsende Familie mit den drei Kindern Christopher, Sebastian und Alexandra. Jede(r), der voll im Beruf ist, kennt das Problem: Wie kriegt man Arbeit und Familie unter einen Hut. Wer die Lösung weiß, bekommt von mir den Nobelpreis. Es gibt doch nichts Schöneres, als am Samstag um 22 Uhr im Bademantel einen Krimi zu gucken, und es klingelt an der Tür vom Pfarrhaus. Davor steht ein junges Paar. »Wir sahen, dass bei Ihnen noch Licht brennt. Wir möchten gerne unsere Trauung anmelden!« Okay, am Samstag um 22 Uhr. Im Bademantel. Und oben ist ein Kind aufgewacht und weint. Was hätten Sie an meiner Stelle gesagt? Ich habe gesagt: »Dann setzen Sie sich mal in mein Amtszimmer, ich ziehe mich noch mal schnell um.« Heute würde ich das anders machen, aber man lernt in jeder Nische dazu.

Nach glorreichen sieben Jahren kam der Wechsel in das Studentenpfarramt nach Clausthal-Zellerfeld. Zuvor rief mich der Landessuperintendent Drömann an und sagte, das wäre eine hervorragende Stelle für mich. »Hanns Lilje war auch Studentenpfarrer. Wer Studentenpfarrer ist, der taugt auch zum Landesbischof!« Das war eine Ansage. Der Oberharz war ein Angehen. Schnell wurde klar, dass die dortige Technische Universität keinen Geisteswissenschaftler kennt, dafür aber klimatische Besonderheiten. Die TU Clausthal ist die einzige Uni, die im Jahr zwei Wintersemester hat. Ein nasses und ein kaltes. Während ein Zentimeter Schnee in Hannover zum Chaos führt, sind zehn Zentimeter Neuschnee pro Nacht dort oben absolut üblich. Dann schmeißt man nur seine Schneefräse mit elektrisch gewärmten Handgriffen an, und schon ist alles wieder schön winterlich. Dafür wurde ich als Studentenpfarrer und Heimleiter eines evangelischen Studentenwohnheimes reichlich entschädigt. Mit Helga, meiner Sekretärin, die noch Steno konnte! Mit Studenten aus allen Ländern und

Religionen. Mit Anfragen, ob man in der Wohnheimdusche zum islamischen Fastenbrechen ein Lamm schächten dürfe (Antwort: Nein!). Mit Professoren, die stolz waren, ihren Fachbereich in der Evangelischen Studentengemeinde vorzustellen. Wie viele menschliche Universen ich damals kennenlernte, kann ich heute kaum noch zählen: Gerhard, der Professor, der mit mir durch die Wüste Sinai ging; Willy aus Hahnenklee, der mich zu meinem ersten Kabarettauftritt verführte; Herbert, der Banker, ein Lions-Mann mit echtem Löwenherz; Matthias, der dauerverliebte Geologe; Kermit, der polyglotte Weltenbummler, und Richard Jobmann, Gottes bester Superintendent.

Dann kam sie. Margot Käßmann, neue Landesbischöfin der Landeskirche. Sie besuchte alle Studentengemeinden zu Beginn ihrer Tätigkeit. Auch die kleinste unter ihnen im norddeutschen Lande, also Clausthal, war dran. Bis heute ist sie noch immer beeindruckt. Während in anderen Städten »die üblichen Verdächtigen« in kleiner Zahl kamen, stand die ganze Oberharzer Uni für sie Kopf. Präsidium, Wohnheim (mit allen Moslems), abends Vortrag mit 300 Studierenden (die Jungs natürlich mit Schlips und Kragen; Ingenieure wissen noch, was sich geziemt). Das hatte schon was. Sie hat es jedenfalls nicht vergessen. Als dann nach Jahren ihr Anruf mich erreichte mit der Frage, ob ich das Kloster Loccum als Direktor übernehmen möchte, da hatte sich ein Nischenkreis geschlossen. Sie wollte mich, wiederum wie einst Frau Becher von der Theater-AG.

In Loccum bekam die Landesbischöfin mit, dass ich auch eine kabarettistische Ader habe. Sie fragte mich, ob ich nicht beim Kirchentag in Hannover im Kulturprogramm Kirchenkabarett anbieten möchte. Zur Probe würde sie mich gerne einmal sehen, wenn ein Vorbereitungstreffen in Hannover laufen würde. Gäste wären Kirchentagsbeauftragte aus südlichen Landeskirchen, manche durchaus pietistisch angehaucht. »Wo soll das denn stattfinden?«, fragte ich. »Keine Ahnung«, sagte sie, »die Kanzlei wird Ihnen das noch mitteilen.« Das geschah dann auch. Auftrittsort: das »Odeon« in Hannover. Das kannte ich nicht. Mit Gitarre und Noten fuhr ich am vereinbarten Tag dorthin und wunderte mich. Auf der ganzen Straße davor standen kaum bekleidete junge Frauen mit wedelnden Handtäschchen. Das »Odeon« lag im Rotlichtmilieu, doch das hatte keiner in der Bischöfinnenkanzlei gewusst. Ich ging mutig an den Damen vorbei (meine St. Pauli-Erfahrung mit Freimut machte sich bezahlt) und betrat den Laden. Später kamen die verunsicherten Besucher aus dem frommen Süden, doch nach dem zweiten Bier und meinem Kabarett war alles wieder gut. Und mit einem Schlag war ich bekannt.

Der Rest ist Geschichte. Auftritte beim Kirchentag, immer mehr Auftritte in Kirchengemeinden, dann die erste CD und dann die weiteren. Immer mehr Nischen zum Leben und Überleben. Seit 2011 arbeite ich in Buxtehude in der St. Paulus-Gemeinde. Ich hoffe, dass ich dort meine letzte Nische des pastoralen Arbeitens gefunden habe. Dort erreichte mich jüngst der Anruf vom Gütersloher Verlagshaus, ob ich nicht Lust hätte, ein Buch zu schreiben ...: Diese Nische liegt nun in Ihren Händen.

Bibliografische Information der Deutschen Nationalbibliothek

Die Deutsche Nationalbibliothek verzeichnet diese Publikation
in der Deutschen Nationalbibliografie; detaillierte bibliografische
Daten sind im Internet über https://portal.dnb.de abrufbar.

MIX
Papier aus verantwor-
tungsvollen Quellen
FSC® C083411

Verlagsgruppe Random House FSC® N001967

2. Auflage, 2016
Copyright © 2016 Gütersloher Verlagshaus, Gütersloh,
in der Verlagsgruppe Random House GmbH,
Neumarkter Str. 28, 81673 München

Umschlagbild: Borislav Sajtinac © VG Bild-Kunst, Bonn 2016
Druck und Einband: CPI books GmbH, Leck
Printed in Germany
ISBN 978-3-579-08635-4

www.gtvh.de